Giorgio Vigliada

La luce sul mistero

Giorgio Vigliada

La luce sul mistero

Edizioni Sant'Antonio

Cover image: www.ingimage.com

Publisher:
Edizioni Accademiche Italiane
is a trademark of
Dodo Books Indian Ocean Ltd. and OmniScriptum S.R.L publishing group

120 High Road, East Finchley, London, N2 9ED, United Kingdom
Str. Armeneasca 28/1, office 1, Chisinau MD-2012, Republic of Moldova, Europe
Printed at: see last page
ISBN: 978-613-8-39449-5

A MIA MOGLIE JOLE
MIA GUIDA DI
PENSIERO
E DI AZIONE

INDICE

Capitolo Primo: Un Mistero nel Mistero 3

Capitolo Secondo: Incontro con il Mistero 9

Capitolo Terzo: Il Mistero continua..................................... 17

Capitolo Quarto: L'ombra.. 25

Capitolo Quinto: Il Labirinto 32

Capitolo Sesto: Il Turbine della Storia................................ 40

Capitolo Settimo: La costanza della incoerenza 46

Capitolo Ottavo: Nella Tana della Volpe............................ 51

Capitolo Nono: La Conversazione...................................... 60

Capitolo Decimo: Scatto Matto... 66

Capitolo Undicesimo: La Lista Nera 73

Capitolo Dodicesimo: Paura 79

Capitolo Tredicesimo: La Trappola.................................... 83

Capitolo Quattordicesimo: Il Banchiere 86

Capitolo Quindicesimo: L'Incontro finale.......................... 93

CAPITOLO PRIMO

UN MISTERO NEL MISTERO

L'omino era rinsecchito dal freddo, le giornate a Bolzano - in gennaio - sono generalmente fredde.

Il locale era ampio e vasto e- a quell'ora- c'erano pochi avventori.

Lui seduto in un angolo, mi aspettava con i suoi occhi acquosi.

Un vecchio cappotto, una sciarpa troppo lunga ed un berretto sdrucito.

Le sue mani accarezzavano una tazza calda fumante.

Il mio libro: "Stazione Bolzano-Bahnhof Bozen" era posato vicino a lui sul tavolino.

Era il metodo concordato in modo che io potessi riconoscerlo.

Lui era stato chiaro al telefono: "Mi riconoscerà perché terrò in evidenza il Suo libro vicino a me sul tavolino."

Lui aveva concordato tutto: l'ora, il giorno, il locale.

Tutto ciò aveva suscitato la mia curiosità.

"Ho delle storie da raccontare. Lei solamente potrà intenderle ed apprezzarne il valore intrinseco.

Era la parola "il valore" che aveva suscitato il mio interesse.

Il senso della parola era molto ampio: valore, per chi, per me, per lui o per chi altri.

Ora ero lì e la mia curiosità era in attesa.

Un cameriere aveva ascoltato la mia richiesta di una tazza di cioccolata calda.

Poi, silenzio.

Lui mi guardava, io guardavo lui.

Poi, infilò una mano nella tasca destra del cappotto ed estrasse un foglietto che posò sul tavolino, spingendolo verso di me.

Era un foglietto con una scritta in stampatello. Lo lessi con attenzione, vi era scritto:

"Nei sacri Templi verranno commessi scandali,
comprati saranno da onori e discorsi,
da uno che grava sotto argento, d'oro le medaglie,
la fine sarà in torrenti ben strani."
Nostradamus "Sesta Centuria. Quartina nona"
Nostradamus, il mago, il profeta, il sapiente.

Quante volte il suo nome mi aveva seguito come un'ombra.

Conoscevo le sue Centurie ed il suo mistero mi aveva sempre incuriosito ed ora me lo trovavo lì, su un tavolo, con uno sconosciuto.

Chiesi: "Perché Nostradamus e perché questo Enigma?"

I suoi occhi mi scrutavano, qualsiasi mia reazione era attesa.

Cominciò a parlare con una sorta di energica concisione.

"Ho lavorato come contabile per quaranta anni presso una Fondazione locale, una grande Fondazione, dedita principalmente all'assistenza dei cosiddetti bisognosi e ha vasti uffici, in un antico edificio."

Raccontava nei dettagli la sua attività lavorativa, alcune di queste mi parvero interessanti ed alcune sconvolgenti, certamente anche per il modo con cui le narrava.

Io lo ascoltavo, ma ancora non comprendevo il motivo -nella sua storia- della apparizione del nome di Nostradamus.

Nostradamus (Michel de Notresdame), nato nel 1503, morto nel 1566, era stato un famoso veggente francese.

In seguito a presunte visioni, decide di scrivere le "Centurie", una raccolta di versi sciolti di profezie.

L'opera uscì pubblicata a Lione nel 1555, il successo fu immediato.

La lingua usata era un francese arcaico, intensamente simbolica e – pertanto - ogni interpretazione era possibile.

In un certo senso mi ricordava la "Divina Commedia" di Dante Alighieri, anche lui si "divertiva" a rendere oscuri alcuni versi.

Forse, a me pareva, che il Diciottesimo Capitolo del "Purgatorio" avesse dei versetti inerenti il medesimo mistero ermetico.

"Che tosto piangerà quel Monastero,
perché suo Figlio, mal del corpo intero,
ha posto in luogo di suo Pastor vero."

Erano le due parole finali: "Pastor vero" che mi avvicinavano a quelle indicate da Nostradamus: "Da uno che grava".

A questo punto mi venne in mente una frase di un libro di Fernando Pessoa:

"L'ora del Diavolo".
"Ogni simbolo è una verità sostituibile ad un'altra verità, fino a che il tempo e le circostanze restituiscano quella vera."
"Quella vera", questa era l "esca" che attirava la mia attenzione.

Lui chiedeva la mia disponibilità, usando – abilmente - il metodo di Napoleone:

Il mezzo per essere creduti sta nel rendere incredibile la verità".

Secondo le ricerche che stavo svolgendo, pensai che la persona poteva essere interessante per le ricerche che stavo cercando per la stesura del mio prossimo libro.

Gli rivolsi la parola, sperando in qualche maggiore ragguaglio.

"La sua premessa è interessante, ma vorrei capire di più e - per tale motivo - solamente Lei mi può essere di aiuto."

Lui replicò immediatamente, con una certa ansia nel linguaggio.

"Lei ha ragione! Come le ho appena detto, io ho lavorato per quarant'anni presso La Fondazione – poi- è arrivato il pensionamento e venni liquidato senza un cenno di gratitudine, neanche un biglietto di ringraziamento per tutto il lavoro svolto diligentemente per tanti anni.

Presi le mie cose in ufficio e mi ritrovai sulla strada ferito e amareggiato per il loro comportamento.

Però io avevo usufruito degli ultimi giorni di lavoro a fotocopiare i fascicoli di lavoro,

quelli più interessanti, portandoli nel mio appartamento. Adesso sono lì, tutti catalogati e tutti a sua disposizione.

La mia domanda fu precisa: "A mia disposizione? Ma che cosa ne dovrei fare? Io sono uno scrittore, non un investigatore!"

Lui non rimase sorpreso dalla mia risposta.

"Lo so che lei è uno scrittore, ho letto i suoi libri. Mi ha colpito specialmente quello sui "segreti" di Bozano al termine dell'ultima Guerra Mondiale.

Ma lei non sa che -oggi- siamo ancora soggetti ad una nuova

"occupazione": il Denaro che sa nascondersi sotto numerose forme legali, ma occulte.

Nel mio lavoro dovevo verificare numerosi movimenti bancari, inerenti principalmente nel settore partecipativo azionario, quali il settore immobiliare e finanziario. Settori prettamente lucrativi e non certamente conformi allo spirito "umanitario" della stessa Fondazione. Dato che la stessa Fondazione aveva come unico scopo sociale quello di svolgere attività assistenziale.

Era la possibilità di destinare somme ingenti in conti bancari destinati ufficialmente ad attività umanitarie, poi – gradualmente - gli importi sarebbero stati principalmente diretti ad attività partecipative, notevolmente lucrative.

A tale proposito, ho fotocopiato tutti gli atti importanti, nomi ed importi.

Lei potrà verificare tutto dalla documentazione che Le fornirò.

Lo guardavo con meraviglia, non riuscivo ad intendere il suo atteggiamento nei miei confronti e perciò gli chiesi:

"Perché sta facendo tutto questo?"

Lui rispose prontamente:

"La vendetta, mi hanno trattato come un oggetto qualunque dell'ufficio, senza alcun riguardo per il mio lavoro di tanti anni.

Ora, voglio vendicarmi, tramite il Suo prossimo libro, perché sono convinto che l'argomento la appassionerà notevolmente.

Ora, Le ho detto tutto, sta a lei decidere. Sono sicuro che lei accetterà l'argomento che le ho proposto.

Ho capito che lei è uno scrittore sempre alla ricerca della verità, però – sappia - che questa è una "verità" pericolosa.

"Loro" hanno amicizie potenti che sanno agire nell'ombra. Se lei accetta io rimango a Sua disposizione."

Presi una decisione immediata e, dopo aver verificato la documentazione propostami, avrei potuto iniziare il nuovo libro.

Quando ci separammo, ci impegnammo ad incontrarci presso la sua abitazione, il mattino dopo.

La casa era situata nel Centro della città, in un Vicolo dei Portici.

Salì fino all'ultimo piano, mediante una scaletta lisa dal tempo.

Dopo ver bussato alla porta, lui mi aprì e mi fece entrare. Era tutto avvolto da un liso cappotto come fosse una vestaglia da casa.

L'appartamento era scuro, stretto.

Però - in fondo - c'era una stanza spaziosa con una ampia finestra che adocchiava una vasta distesa di tetti.

Vi erano tre tavole, alcune sedie sparse, adiacente ad un muro un vasto schedario.

Mi sedetti a fianco di un tavolo sgombro e lui, aprendo l'archivio, cominciò lentamente a depositare numerosi fascicoli.

Intuì che – forse - stava iniziando una nuova" Storia" per il mio nuovo libro.

CAPITOLO SECONDO
INCONTRO CON IL MISTERO

Una premessa è necessaria: l'uomo curioso è generalmente sfortunato!

L'immaginazione che accompagna la curiosità è una complice negativa della stessa curiosità.

L'immaginazione aumenta i tempi della scoperta, aumenta quelli dell'indagine, presenta -nel contempo- numerose risposte ai quesiti posti, ma - avendo necessità di una unica soluzione - la stessa immaginazione ti abbandona in un labirinto di soluzioni intuitive.

Inizio perciò con molta cautela a verificare quanto propostomi.

Intanto l'uomo inseriva alcuni fascicoli in una piccola borsa da viaggio, poi - dopo averla richiusa - me la porse.

"Ecco, ora avrà la possibilità di consultare dei documenti che probabilmente La stupiranno per il loro contenuto e mediante questo foglio che le consegno, potrà entrare meglio nella "chiave" di lettura."

Con quella frase, mi accompagnò alla porta.

"Non si preoccupi, la cercherò io; le lascerò il tempo necessario per esaminare il tutto. Però stia attento, sia riservato con tutti è una lettura pericolosa."

Chiuse la porta alle mie spalle e - dopo breve tempo - mi trovai nella mia stanza preferita ad esaminare il foglio che mi aveva fornito.

Il testo era così composto:

“Una nuova Setta di Filosofi,
disprezzando Morte, Oro, Onori e Ricchezze,
dai Monti Germani ne saranno limitrofi,
dai Seguaci avranno appoggio e stampe.”
Nostradamus -Centurie (III-67)

Poi, lo scritto continuava così:

“Nel buio di un secondo Piano di un Castello assai noto a Bolzano (Castel Mareccio), inserita, in un nascosto Corridoio, vi è una scritta misteriosa.

S A T O R
A R E P O
T E N E T
O P E R A
R O T A S

Un “Quadrato Magico” composto di lettere invece di numeri.

Un Quadrato importante nel Simbolismo esoterico.

Il Testo di Nostradamus indicava che nella notte “Una nuova Setta di Filosofi” mormorava – forse - il mistero del significato del Quadrato.

Così si narra, così si mormora, in attesa che la leggenda - per alcuni- diventerà realtà.”

Lessi il tutto con molta attenzione. Conoscevo il Castel Mareccio, con la relativa leggenda del “Quadrato magico”, ma - al momento - il messaggio trasmessomi mi appariva oscuro e lontano da ogni interpretazione.

Il tempo futuro avrebbe dato torto alla mia momentanea incredulità.

Gli avvenimenti che mi attendevano avrebbero chiarito il mistero del mio dubbio.

Però ero ancora perplesso per quello strano abbinamento.

Quel poco che conoscevo in merito al simbolismo inerente il "Quadrato magico" lo avevo reperito da alcuni testi.

Avevo appurato che questo "Quadrato" esisteva da lungo tempo lì nel Castel Mareccio, ma veniva poco citato dalle fonti storiche.

L'unica cosa che avevo appurato era che il "quadrato" è uno dei simboli inerenti la Stabilità perfetta e dell'equilibrio umano.

Per la "massoneria" il "quadrato" esprime la realizzazione divina e designa - nel contempo - la forma del Tempio massonico.

Nella Psicanalisi per Jung il "quadrato" corrisponde alle quattro funzioni psichiche:

"Pensiero, Sensazione, Intuizione, Sentimento."

Il "quadrato" - da Platone in poi - è considerato come il mattone dell'Universo.

Per il Pensiero Esoterico il "quadrato" è diviso in quattro settori di eguali dimensioni,

nei quali è suddiviso il Cielo e la Terra, per tale motivo esso diventa una componente della struttura del Cosmo.

Nella Fisica micro-vibratoria il "quadrato" sarebbe in grado di esercitare una funzione di protezione.

Le lettere dell'Alfabeto ebraico hanno la Scrittura quadrata, utilizzata per i manoscritti biblici che avrebbero così la possibilità di emettere delle "onde di forma" che hanno il potere di poter influire sulle condizioni fisiche dell'uomo in modo positivo o negativo.

Il "quadrato magico" più famoso è il "Quadrato di Saturno",

chiamato anche “Quadrato di Apollonio di Tania; in Cina esiste e si chiama: “Lo Shu”, per gli Arabi il suo nome è: “Sigillo di Ghazali”.

Per Agrippa sarebbe importante portare l’effige del “quadrato” sul corpo dato che esso ha la capacità di poter portare fortuna.

La prima apparizione muraria di un “Quadrato magico” la si può trovare su un reperto archeologico di Pompei.

Coloro che stilano oroscopi lo utilizzano per enfatizzare periodi propizi, buoni presagi e periodi favorevoli in campo sentimentale.

Alcuni Studiosi hanno voluto interpretare la Scrittura misteriosa insita nel “quadrato”.

Quella più adottata parte dalla frase latina: “Sator Arepo Tenet Opera Rotas” che viene tradotta così: “Il Seminatore sul suo carro dirige con cura le ruote.”

Per alcuni la parola “Tenet” interpreta il simbolo della croce.

Per tanto, tale seguito di misteri, mi lasciava sorpreso ed incredulo.

Ormai, l’unica cosa che mi restava da fare, era quella di esaminare il contenuto della valigetta.

Presi il primo fascicolo e la sua intestazione mi lasciò sbalordito, conoscevo molto bene quel nome, ma l’intestazione del secondo fascicolo mi sbalordì molto di più: erta intestato ad un Istituto Religioso, noto in tutta la Città.

Appena aperto il primo fascicolo, mi apparve una scritta misteriosa:

“Il mio silenzio mi trafigge
Come un pugnale
E dilania il mio cuore.
M.O.A.I. mi domina

Ed è la mia vita.
Bocca mia devi tacere,
Nessun' uomo deve sapere."
William Shakespeare "La dodicesima notte" (Atto secondo-scena sesta).

"Ma ogni delitto è condannato già prima d'essere commesso".
William Shakespeare "Misura per misura" (Atto secondo-scena seconda).

Ciò premesso iniziai a sfogliare il fascicolo e scorsi che era intestato alla locale Camera di Commercio.

Il testo era il seguente:

REGISTRO LEI

Il "legal Untity Identifier (LEI) è un codice che permette di identificare univocamente i soggetti giuridici che operano nei mercati finanziari di tutto il Mondo.

Il Codice LEI è obbligatorio per le entità giuridiche che effettuano transazioni di "Strumenti finanziari" (come compravendita di azioni, obbligazioni, warrant, titoli di Stato e derivati).

Il Codice è obbligatorio nel caso di un soggetto giuridico che effettui operazioni di acquisto o vendita di titoli quotati sia a livello nazionale che internazionale.

A questo punto capì che mi stavo inoltrando in un mondo a me completamente sconosciuto.

Probabilmente intenso di segreti palesi, ma occulti al mondo estraneo alle singole attività apparentemente benefiche.

L'unica cosa da fare era affrontare direttamente l'argomento, mediante un dialogo esplorativo.

In quel momento mio venne in mente una frase di un libro che avevo recentemente letto.

L'autore era il Professore Morris Ghezzi, il libro era intitolato: ”La Scienza del Dubbio”.

La frase era la seguente:

“Ogni individuo agendo, diventa portatore di una Scintilla di rinnovamento, di crescita per la Società, e, se questa Scintilla è ispirata dalla conoscenza critica, costituirà sicuramente un elemento positivo per tutti.”

IN CAMMINO

Era una giornata triste, piovosa, con nuvole basse che rincorrevano i miei pensieri e mi lasciavano solo davanti ad un portone che si dischiuse immediatamente, dopo il mio squillo di campanello.

Era come se qualcuno mi aspettasse dietro alla porta in debita attesa.

Una persona, curva e silenziosa mi guidò lungo un corridoio ad una ampia sala.

Pareti nude, tre ampie finestre, un ampio tavolo; lui, seduto, mi attendeva.

Il suo era uno sguardo freddo, gelido.

La sua fisionomia esprimeva una profonda indifferenza nei miei confronti.

Mi sedetti di fronte a lui e capì immediatamente che non mi avrebbe dato nessuna possibilità di dialogo.

Un quadro, sovrastante il tavolo, metteva in rilevo una figura cupa che reggeva un libro con una scritta vistosa: “Unicuique suum”.

Ricordando il mio remoto latino, la frase poteva essere così tradotta: “A ciascuno il suo”.

Presi dalla borsa che avevo portato con me, il documento relativo al “famoso” fascicolo (l’attestazione di iscrizione presso la locale Camera di Commercio) e glielo allungai - lungo il tavolo- in modo che lo potesse esaminarlo.

Lui lo prese, lo scorse con una certa attenzione e poi, guardandomi, mi disse: “E poi?”

Nel contempo ebbi l’impressione che i suoi zigomi fossero diventati più accentuati, con due occhi sporgenti, acuti che esprimevano tutto il suo disprezzo.

In quel momento capì che stavo intraprendendo un capitolo pericoloso, saturo di pregiudizi e di rancori.

Gli risposi: ”Dal Suo tono, con cui mi risponde, Lei pensa che io sia un presuntuoso curioso, sempre alla ricerca di qualche notizia per un mio probabile libro. Forse, potrei darle ragione, ma - l’intrigo della storia in cui mi sono involontariamente trovato - mi sta attirando - sempre più - verso la soluzione degli intrighi finanziari in cui, mi sto accorgendo, è avvolta tutta la Città.

Sorge sempre più il mio sospetto che tutti voi e ripeto tutti voi, avete nascosto -seppur legalmente - ingenti somme di denaro tramite diverse operazioni finanziarie.

Con i ricavati di queste operazioni avete potuto disporre ingenti somme da investire in numerose partecipazioni azionarie. Tutto ciò al di fuori dagli scopi statutari diretti prevalentemente all’assistenza pubblica.”

Lui mi guardò con un sorriso sardonico.

“Prima di poterLa incontrare ho voluto prendere informazioni sul suo operato.

Ho letto i suoi libri ed ho capito che lei è un inguaribile romantico. Il suo libro su Pessoa lo dimostra ampiamente.

Lei non capisce che la realtà della vita obbliga a fare delle scelte necessarie.

I Fondi economici disponibili si dimostrano -con il tempo- esigui.

Lei avrà notato che le varie Canoniche esistenti nella Città verranno chiuse per mancanza di Sacerdoti per tali motivi quegli immobili possono essere utilizzati per l’Edilizia pubblica, nuove case, nuove offerte.

Bisogna capire che l’opinione pubblica potrebbe travisare questo tipo di intervento finanziario se venissero presentate in modo sbagliato, portando discredito agli Enti soggetti a tali operazioni.

A questo punto non ho altro da dirle e penso che possiamo porre termine alla sua visita.”

Mi indicò la porta alle mie spalle, restituendomi - nel contempo - il documento ancora nelle sue mani.

Era una conclusione improvvisa, prevedibile e per me, inequivocabile.

Ritornai nel corridoio sempre buio e per me sempre più opprimente.

La stessa persona che mi aveva aperto - in precedenza - il portone, socchiuse il battente, sbattendolo alle mie spalle.

CAPITOLO TERZO

IL MISTERO CONTINUA

Tutto quanto che avevo intrapreso, mi confermava che esisteva un percorso nascosto che attestava le mie intuizioni.

Dovevo continuare ad indagare in merito ai possibili collegamenti esistenti fra le varie Organizzazioni finanziarie.

Ormai volevo svelare il mistero fino in fondo.

Il passo successivo doveva essere il Fascicolo susseguente.

Per saperne di più dovevo rivedere il mio "informatore".

UNA MORTE MISTERIOSA

"C'è più pericolo nell'attacco nascosto che nel nemico manifesto."

Papa Leone Primo – Magno.

La pioggia continuò a tenermi compagnia fino alla porta dove abitava il mio "informatore".

Nessuno rispose alla mia chiamata.

Al terzo squillo di campanello si aprì una finestra ed una anziana signora si affacciò, guardandomi dall'alto.

"State cercando? - e mi disse il nome - non c'è più; è morto questa notte, si è ucciso, buttandosi da una finestra.

Bè, dovunque sia andato a finire, non starà certo peggio di un posto come questo."

Chiuse la finestra, lasciandomi solo con la pioggia che - al momento - era rimasta la mia unica compagnia.

Ritornai nel mio appartamento, incredulo e smarrito per la notizia ricevuta.

Lui, lo avevo conosciuto poco. Durante il nostro recente incontro avevo intuito la sua forza caratteriale e non certamente rivolta a togliersi la vita.

Presi in mano i fascicoli consegnatimi e mi invase un senso insopportabile di depressione.

Poi, la tempesta emotiva che mi aveva invaso, si placò e seguì una calma riflessiva.

La fatalità degli avvenimenti aveva attraversato più volte la mia vita, pertanto mi promisi di scoprire la "casualità" di questa morte improvvisa.

Dovevo continuare ad indagare.

Sapevo -per esperienza- che l'elemento diabolico poteva -a volte- assumere le sembianze del bene e che questo finto bene, poteva essere più seducente di quello vero.

PAURA

"Lascia che ti sottovalutino."

Isaac Newton

Improvvisamente mi resi conto di trovarmi di fronte ad una Congrega, rappresentata da una Classe di potere.

Una Classe composta da strati i più elevati della Società cittadina, con una presenza sociale vasta, con controllori controllati dalle stesse Istituzioni che dovevano essere controllate.

Questo controllo avveniva facendo sorgere personaggi che fungevano da controllori esterni.

La Burocrazia, così creata, faceva un'operazione di "oscuramento" della propria attività, creando così una Classe potente, capace di gestire i propri privilegi finanziari.

Importante era demotivare eventuali concorrenti, proteggendo i propri privilegi.

Ora, guardando fuori dalla finestra della mia stanza, ripensavo al mio recente incontro con un personaggio misterioso che aveva, per il suo racconto, attivato il mio interesse.

Non credevo il modo in cui era morto. Una morte inaspettata, specialmente per l'incarico che mi aveva affidato.

Mi stavo convincendo che qualcuno stava agendo con spietatezza, contro coloro che avessero avuto il coraggio di contrastarli.

In quel momento sentì lo squillo del mio telefono.

Una voce delicata, decisa, femminile disse il mio ed il suo nome.

Non la conoscevo di persona, sapevo che era una giornalista.

Chiese cortesemente un incontro. Fissammo il luogo e l'ora.

Il mattino dopo mi avviai al posto stabilito.

Questa volta la pioggia si era stancata di aspettarmi, lasciando il posto ad un tiepido

sole che si tuffava nelle pozzanghere abbandonate.

Camminando, mi venne in mente una frase dello scrittore Victor Hugo:

"Le emozioni che lo tormentavano, erano le stesse che lo sostenevano: senza l'uragano, la vela sarebbe uno straccio."

Il locale, da Lei scelto, era fra i più eleganti della Città.

Lei era lì, seduta ad un tavolino d'angolo.

Conoscevo le Sue capacità professionali, era un'ottima giornalista: la "Regina" della Cronaca nera.

Ci salutammo come fossimo dei vecchi amici.

Entrò subito nel motivo del nostro incontro.

"Lei ha conosciuto quella persona che si è recentemente suicidata? Sa perché Le faccio questa domanda? Fra gli oggetti scoperti nell'appartamento del morto, è stata trovata una piccola agenda. Niente di interessante, i soliti numeri casuali: il proprio medico, il dentista e poi, per me sorprendente, il Suo numero di telefono.

Allora mi sono chiesta come mai lui conservava il suo numero di telefono, abbinando il Suo nome al titolo di un suo libro.

Volevo perciò chiederLe se lo avesse conosciuto e quale potesse essere il collegamento fra voi due, essendo sicuramente una persona distante dal Suo usuale ambiente di lavoro".

In quel momento pensavo di non rivelare - specialmente ad una giornalista - i miei dubbi. Le mie riflessioni. Però - nello stesso tempo - le mie indagini erano abbastanza inconcludenti. Capì - in quel momento - che da solo non sarei stato capace di raggiungere una risposta ai misteri che mi stavano circondando.

Allora decisi di raccontare tutto.

Lei mi ascoltò in silenzio, senza farmi alcuna domanda.

Al termine del mio racconto, mi disse:

"Immaginavo già da qualche tempo l'esistenza di qualche intreccio misterioso fra la Grande potenza finanziaria e le Fondazioni a carattere assistenziale. A questo punto sarebbe opportuna una nostra collaborazione per potere comprendere in modo deciso la concretezza delle nostre intuizioni."

Accettai con entusiasmo la sua proposta e fissammo il prossimo appuntamento presso una libreria nota ad entrambi.

Ci salutammo con questo proposito.

Io -intanto- avevo in mente la mia prossima mossa: l'incontro con un personaggio importante per la sua presenza nel mondo finanziario della Città.

TENEBRE

"Il Principe delle tenebre è un galantuomo."

William Shakespeare – Re Lear (Atto terzo, scena quarta)

Questa volta la pioggia si ricordò di me e mi attese paziente sulla porta della mia casa.

Così come l'automobile nera che mi aspettava accanto al mio marciapiede.

Partimmo per il luogo, già in precedenza, concordato.

L'autista rimase silenzioso per tutto il percorso.

Passato poco tempo, scorsi le mura del Castello.

Era il Castel Flavon, si ergeva su uno sperone roccioso, adiacente alla Città di Bolzano.

Il Castello era stato costruito nel dodicesimo secolo; edificato dai Signori Haselberg.

Ora era un rinomato Ristorante.

Mi aspettavano e venni immediatamente condotto in una delle sale più piccole, arredata sontuosamente.

Lui era seduto di fronte ad un ampio tavolo, sfavillante di piatti e bicchieri.

Lui, lo conoscevo bene, dato che avevo passato la serata precedente all'incontro, a visionare tutta la documentazione che lo riguardava e che risultava dai famosi fascicoli, ormai in mio possesso.

Era membro di numerosi Consigli di amministrazione di plurime Società e Presidente di una onnipresente Fondazione a carattere umanitario.

Non mi difficile poter ottenere un immediato appuntamento, dato che lui era solito

ricevere ogni giorno i "questuanti" presso il suo solito ristorante, all'ora del pasto.

Forse una abitudine acquisita dal rito dei Signori d'un tempo.

Mi accolse con un ampio sorriso, indicandomi il posto di fronte a lui.

Poi, con un sorriso, mi disse:

"Ho letto i suoi libri, dalla lettura, ho intuito la Sua passione nell'indagare l'intimo dei Suoi Personaggi da lei descritti.

Ho apprezzato molto come Lei, in un Suo libro, ha descritto l'incontro che ha avuto con il grande pittore Salvador Dalì.

Ho intuito che lei ama conoscere il passato, le storie trascorse, ma deve considerare che il tempo odierno è tutt'altra cosa.

Oggi le insidie sono all'ordine del giorno. La Storia non la si scrive più, la si vive quotidianamente.

Il Romanticismo non serve più, se non a sognare tempi passati.
Lei che ama le citazioni, vorrei ricordare una frase dello scrittore

Jean Paul Sartre che ha scritto nel suo libro: **"L'essere e il nulla"- "Il vero problema della malafede proviene evidentemente dal fatto che la malafede è Fede."**

Ha capito? E' Fede e Lei, come un moderno Don Chisciotte, vorrebbe creare una coscienza degli avvenimenti odierni, ma che cosa è la coscienza se non una pura "apparenza", dato che esiste solamente per quanto appare.

Deve rendersi conto che il capitalismo locale è ormai in grado di raccogliere enormi energie che vengono convogliate verso obiettivi economici essenziali per il progresso della nostra Società.

Per poter gestire tutto questo bisogna avere carisma ed il carisma non proviene da un incarico, ma deve essere conquistato.

L'importante è creare un "mito" ed immergersi con empatia in quel "mito".

Oggi, scomparsi i "miti" d'un tempo la Gente cerca solamente di affrontare la paura di una eventuale povertà che viene costantemente paragonate alle attuali condizioni di vita che devono essere tenute costantemente sotto controllo, tramite procedure economiche.

Lo scopo delle nostre Istituzione deve essere quello di offrire un assistenza effettiva, ma specialmente idealistica.

Il cosiddetto benessere non deve essere rifiutato a nessuno. Questo supposto benessere odierno deve rimanere la comune condotta di vita.

Chiaramente occorrono delle regole, dei comuni comportamenti di vita, comportamenti atti nel mantenere uno spirito collettivo, guidato da chi ha delle sane competenze amministrative.

Penso che Lei sia la persona adatta per rilevare questa benevola realtà odierna e trasmettere questo messaggio, tramite un suo libro.

Ci pensi e mi faccia sapere. Sarò a sua disposizione in modo che il libro abbia tutte le possibilità di un ottimo accoglimento da parte dei lettori.

La macchina che l'ha accompagnata, la attende all'uscita e la porterà dove lei desidera."

Lo guardai a lungo e poi gli dissi:

"Quello che Lei mi ha raccontato è una bella storia, ma penso che questa storia ancora non sia iniziata e come tutte le storie bisogna arrivare alla fine per capire il loro significato recondito."

Il suo sorriso sparì, mentre stavo uscendo.

CAPITOLO QUARTO

L'OMBRA

"Non arrenderti mai, perché quando pensi che sia tutto finito, è il momento in cui tutto ha inizio."

Jim Morrison (poeta americano -1943/1971)

Mentre le ombre di un tardo pomeriggio si attardavano lungo le strade, io aprìi la porta della libreria.

Lei - come d'accordo - era lì, in fondo verso gli ultimi scaffali.

Mi mostrò il libro che aveva in mano: "Dossier Odessa" di Frederick Forsyth.

Un libro uscito nel 1972 e che aveva avuto un notevole successo letterario.

La trama verteva su una Organizzazione segreta che operava in oscuri affari internazionali ed era composta da ex agenti segreti nazisti.

La fissai stupito, le nostre intuizioni stavano concordando per un comune futuro percorso di indagini.

Lasciammo la libreria e ci recammo presso un piccolo bar, lì accanto.

Lei, iniziando a parlare, estrasse dalla sua borsa un fascicolo abbastanza voluminoso.

"Con riferimento al nostro incontro, ho effettuato alcune ricerche in merito a presunte attività assistenziali, devianti cammino etico-morale.

Mi apparve subito un nome molto conosciuto, una sigla misteriosa:

"HIAG".

Con una certa difficoltà intuì che poteva essere un acronimo, relativo ad una serie di parole tedesche che - tradotto in italiano - significa "Comunità di aiuto".

A questo punto della ricerca, dovevo intuire verso chi o verso che cosa era rivolta questa offerta di "aiuto".

Mi vennero in mente due parole: "Stille Hilfe – Aiuto Silenzioso".

Un'attività che aveva agito nel dopoguerra fra Bolzano e la Germania.

Una organizzazione promossa - fra gli altri - dalla stessa figlia del fondatore delle SS: Heinrich Himmler.

Attualmente vi sono ancora dei luoghi dove questa organizzazione agisce, nascondendosi dietro alcune attività rivolte alle attività assistenziali".

L'avevo ascoltata in silenzio, dato che la sua analisi combaciava con le mie intuizioni.

Lei riprese a parlare:

"Ora bisogna agire con molta cautela. Questa gente sembra molto potente e -soprattutto - infiltrata ovunque."

Acconsentii con la testa, la guardavo con sincera ammirazione.

Vorrei rivolgerle una domanda e – confidenzialmente - passai dal "lei" al "tu".

"Cosa suggerisci di fare, come possiamo muoverci?"

La risposta fu decisa: "Attendi mie notizie, cercherò di informarmi meglio, forse ho la persona adatta."

Ci salutammo, Lei verso il suo "giornale", io con i miei pensieri.

Il mattino dopo ricevetti una strana telefonata.

“Mi chiamo Armin, il Conte Armin, sono il Presidente della Fondazione Hiag, avrei piacere di poterLa incontrare.

Possiamo vederci presso il mio Castello. Potrebbe prendere un autobus e a metà strada, ci sarà una fermata. Lei scenda, la attenderà un’automobile che la accompagnerà al Castello. L’ attendo e La saluto.

La telefonata si interruppe, lasciandomi sorpreso per il tono autoritario del messaggio.

Cercai la mia amica, ma il centralino del giornale mi comunicò che lei era fuori - per tutto il giorno - per un servizio giornalistico.

Nel primo pomeriggio ero già alla fermata dell’autobus di Piazza Gries.

Volevo arrivare in anticipo all’appuntamento.

Il tempo si mostrava inclemente e la pioggia aveva fatto solamente una sosta durante la notte, adesso si proponeva a riprendere lena ed ad inondare i rigagnoli .

L’autobus era puntuale come puntuale fu la fermata nel posto indicatomi.

La cittadina appariva vuota e solitaria: non era più il tempo del turismo stagionale.

Si sentiva un intenso profumo di vino, custodito – certamente - in “preziose “ cantine.

Avendo trovato un solitario caffè, cercai di informarmi sul vicino Castello.

Ricevetti poche risposte alla mia curiosità.

Mi recai alla fermata dell’autobus e la macchina era lì. in attesa.

L’autista era un uomo evidentemente muscoloso. Con un viso dagli zigomi marcati, naso fortemente aquilino, mascella forte, occhi di un intenso azzurro, aveva il fisico e l'aspetto di un lottatore.

L'autista aprì la portiera e mi fece salire in una macchina che capì essere un potente fuori strada.

Il percorso fu breve su una strada sassosa, quasi abbandonata.

Lui non disse mai una parola.

Arrivammo davanti ad un antico portone aperto.

Il buio autunnale ci avvolgeva, dando al tutto un aspetto di abbandono dal tempo passato.

Ero atteso, un altro personaggio mi attendeva e mi fece da guida lungo un corridoio modestamente illuminato.

In fine, in fondo, in una vasta sala, mi attendevano tre persone, sedute di fronte ad un maestoso tavolo.

Intorno il buio della sala -poco illuminata- non mi permetteva di scorgere le pareti delle mura.

Al centro sedeva un uomo che sembrava essere il capo di quel gruppo di persone.

La magrezza- evidente- percorreva tutto il suo corpo.

Gli occhi cupi mi fissavano intensamente.

Improvvisamente la sua voce, con un preciso accento tedesco, si propagò nella sala come una espressività tonante.

Teneva in mano il mio libro: "Stazione Bolzano-Bahnhof Bozen" e lo agitava minaccioso.

Prese a parlare con autorità e stizza repressa.

"Lei - tramite questo libro - ha trasmesso delle insinuazioni malevoli nei confronti di un personaggio che ha sacrificato la sua vita per la sopravvivenza della nostra popolazione e per gli ideali che ha unito tutti noi nella ricerca della nostra "Sonder - la via particolare".

I Governanti – tutti - pensano ed agiscono senza tener conto dei valori profondi e delle aspirazioni di autogoverno ai quali i popoli aspirano.

I Partiti attuali operano nei limiti della loro personalità politica, limiti dettati dalla stessa economia del potere.

Lei ha voluto infrangere il ricordo di un uomo che ha affrontato delle situazioni storiche che hanno condizionato il futuro della nostra Patria naturale.

L'uomo ha un nome: Johann-Hans Staneck, nato a Turn-Tenaliz (Boemia) il 17 maggio 1900 e deceduto il 4 giugno 1982.

Quest'uomo venne ingiustamente accusato, insieme ad Eduard Widmoser ed ad un misterioso personaggio dal nome fantomatico: Hans Schmit.

Per tale motivo venne aperto un fascicolo presso la Procura di Bolzano.

Ma chi era questo misterioso Hans Schmit?

Certamente un nome falsificato, un Agente dei Servizi segreti stranieri.

Lei si appropriò della vicenda, stendendo un intero capitolo del suo libro.

Lei è un provocatore!

Per tale motivo, seguiremo con attenzione le sue indagini che sta intraprendendo su attività totalmente lecite e valide per il benessere umano della nostra popolazione.

A questo punto non abbiamo altro da dirle!"

Si alzò con le altre due persone, lasciandomi solo nel salone oscuro.

Venni accompagnato al portone d'entrata, quasi trascinato da mani decise e lì venni abbandonato nel buio profondo che mi avvolgeva nelle spire dell'oscurità.

Mi trovai solo con la mia paura.

Non sapevo come muovermi, solamente la pendenza del terreno, mi indicava la possibilità di una strada percorribile.

Cominciai a camminare, inciampando in numerosi sassi sparsi.

Poi, improvvisamente sentì un rombo alle mie spalle.

Era forse l'automobile che mi aveva in precedenza accompagnato?

Mi fermai in attesa. L'auto mi illuminò con i suoi fari, poi, ruggendo mi si lanciò contro.

Mi precipitai lungo il terreno che stava assumendo le sembianze di un sentiero.

La macchina mi seguì imperterrita.

Allora cercai di inerpicarmi nella boscaglia attorno.

Il buio mi aiutava a nascondermi, dovevo continuare a scendere nonostante che i rami mi avessero segnato le mie mani.

Poi, improvvisamente mi apparvero le prime luci della cittadina.

Scorsi le stesse strade ed il medesimo caffè.

Mi precipitai all'interno.

Era affollato, mi accolsero con sorpresa.

Il barista disse ai presenti che - nonostante il tempo inclemente - avevo voluto visitare il castello disabitato.

"Il Castello disabitato", rimasi sorpreso.

Ora capivo tutto, mi avevano attirato in una trappola ed io, ingenuamente, vi ero caduto.

Viste le mie condizioni apparenti, mi fu versato un grappino, ridacchiando fra loro per la mia ingenuità.

Un autista - lì presente e data la mancanza di mezzi pubblici - si offrì di fornirmi il rientro a Bolzano, dato che lui si doveva recare nella medesima località.

Il tragitto fu breve e silenzioso. Mi lasciò nella stessa Piazza Gries, lo stesso luogo della mia partenza. Poi un Taxi mi portò nei pressi della mia abitazione.

Dopo essermi rinfrancato, cercai al telefono la mia amica giornalista.

Lei mi ascoltò in silenzio, pio disse: "Vediamoci domani mattina alle dieci, presso la solita libreria."

Ero ancora terrorizzato. Mi accorsi che - forse- la mia avventata indagine misteriosa mi aveva - in modo inconsapevole- trascinato in Storie minacciose, pronte a colpirmi.

Ora stava a me decidere: fermarmi in tempo o - nonostante tutto - continuare nelle mie ricerche.

Se avessi voluto prendere la mia decisione – a scapito dei probabili pericoli - non avrei dovuto lamentarmi delle eventuali conseguenze.

CAPITOLO QUINTO

IL LABIRINTO

“Non rivolgetevi agli spettri ed agli indovini, non interrogateli, rendendovi impuri con essi.”

Levitico 19,31

La mattina dopo trovai nella mia cassetta delle lettere un foglio dattiloscritto.

In sintesi, vi era scritto:

“Avendo letto il Suo libro: “Stazione Bolzano”, vorrei suggerirle di esaminare un caso misterioso, esistente presso il Convento dei Francescani a Bolzano.”

Altro non vi era scritto e -come immaginavo - era assente la firma del misterioso personaggio.

Presi la Guida di Bolzano e cercai la “voce” Convento Francescani.

Per prima cosa scoprì che non si chiamava Convento dei Francescani ma bensì: “Monastero dei Francescani”, situato nella omonima via.

La Chiesa, il chiostro ed il Convento risalgono alla prima metà del 1300.

Vi è persino una leggenda storica che narra una visita giovanile di San Francesco.

La Chiesa, vicina al Convento, risulta simile ad una Chiesa a struttura gotica.

L’altare, forgiato in legno, è una delle opere gotiche più importanti esistenti a Bolzano.

Il Chiostro adiacente ha un seguito di affreschi risalenti al quattordicesimo secolo.

Ciò che suscita una certa curiosità è un simbolo esistente in una vetrata: un duplice.

Quadrato concentrico con al centro un Cerchio.

L'esposizione della Giuda terminava con questa descrizione della vetrata.

Cosa avrà voluto significare quel Cerchio misterioso, forse era quella la indicazione che l'oscuro scrivente mi aveva voluto suggerire?

Cercai allora ad indagare su Internet e mi apparve un suggerimento datato 14 novembre 2019 che mi lasciò stupito per la notizia ivi contenuta dal titolo:

"Convento dei Francescani – il pronipote del Conte Dracula".
LO ZOPPO

"Se ti arrendi quando le cose diventano difficili, non otterrai mai nulla di importante."

Un proverbio.

"Nel Convento dei Francescani a Bolzano è sepolto il Principe di Moldava Petru Schiopul. Cioè Pietro lo Zoppo, pronipote di Vladii, l'Impalatore, il leggendario Conte Dracula.

Chi era Pietro Schiopul e come mai era sepolto a Bolzano?

Cominciai a capire il significato misterioso dell'anonimo messaggio da me ricevuto.

A questo punto mi chiedevo chi fosse stato il Principe di Moldava Petru Schiopul.

Ripresi a leggere dalla Guida di Bolzano.

"Petru Schiopul o Pietro lo Zoppo o anche Pietro Sesto (1537-Bolzano 1594).

Fu Principe di Moldavia.

Con l'aiuto dell'Ordine dei Gesuiti, sostenuto anche dal Papa Sisto Quinto, cercò di avvicinare la Chiesa Cattolica a quella Ortodossa.

Il Principe, invecchiato e malato, abbandonò il Potere nel 1591 e - accompagnato dalla seconda moglie, una zingara di nome Irini e da un figlio - si stabilì nei pressi di Bolzano a Castel Novale.

Morì nel 1594 e venne sepolto nell'ambito del Monastero Francescano.

A questo punto, l'evidente mistero mi impone due domande: perché Petru si rifugiò proprio a Bolzano e perché venne sepolto presso quella Chiesa?

Dovevo informare la mia "collaboratrice" e La trovai al telefono presso la Redazione del suo Giornale.

Ascoltò il mio racconto in silenzio e - dopo un attimo - mi disse:

"Penso che qualcuno provi a depistare la Tua ricerca, dirottando la Tua curiosità verso un nuovo mistero. Chiunque fosse, dimostra una certa bravura nel sapersi muovere. Dobbiamo stare attenti, loro non si arrendono.

A questo punto penso che sia opportuno credere al loro gioco e ci faremo affascinare dagli avvenimenti, come predisposti.

La prima mossa da effettuare sarà quella di recarci domani presso il castel Novale per saperne di più.

Se sei d'accordo, andiamo con la mia macchina."

Aderii immediatamente e - nella mia mente - ringraziai gli avvenimenti casuali che avevano provveduto a mettere al mio fianco una persona per me così preziosa.

IL CASTELLO

"E poiché hanno seminato vento, raccoglieranno tempesta."

Osea 8,7

Il Castello sembrava adagiato all'inizio della strada per la Val Sarentino.

Il Castel Novale - questo era il suo nome- appariva massiccio tramite la sua alta torre quadrata. Il resto della struttura si affiancava, mostrando una modesta costruzione abitativa.

A fianco del Castello scorre impetuoso il Torrente Talvera.

La località in tedesco viene nominata: "Reid" e fa parte del territorio del Comune di Renon.

Curiosamente il Castello si erge a poche centinaia di metri del noto Castel Roncolo, ricco di ricordi medioevali.

Il castel Novale risulterebbe costruito intorno al 1200 e non era mai -nella sua storia- stato espugnato.

Alla fine del sedicesimo secolo diede ospitalità a Pitru Schiopul, lo zoppo, risulta -attualmente - di proprietà privata ed ancora abitato e non visitabile.

Tutto ciò premesso, appena noi arrivammo, manifestammo vistosamente la nostra presenza, aggirandoci intorno all'edificio, fino a che qualcuno – incuriosito - apparve chiedendo il motivo della nostra presenza.

"Anche voi cercate il luogo dove ha vissuto "lo zoppo"? Ve lo dico subito: non c'è più niente!

La sua voce appariva rauca ed infastidita.

Gli risposi che ci eravamo fermati solamente per osservare quel luogo storico. Conoscevamo la vita di quel personaggio, ma non capivamo che - nel suo errare - fosse arrivato presso questo Castello.

L'uomo – a queste parole - cambiò improvvisamente atteggiamento e sussurrò un nome: "Tempel".

Con un sorriso ironico, arretrò, chiudendo il portone alle sue spalle.

"Tempel", che cosa voleva intendere con quella parola misteriosa?

Ritornammo a Bolzano, cercando di capire il senso di quel messaggio assai criptico.

Ancora una volta la nostra ricerca si dimostrava assai oscura.

TEMPEL

"Oggi voglio scrivere di altre cose, ma le cose non vogliono."

Franz Kafka – "Lettere a Milena"

L'unica risposta in merito al nome "Tempel" ce la diede il solito Internet:
"Appartamenti Tempel – Fiè allo Scilliar – Bolzano."

La descrizione era molto dettagliata ed era la seguente:

"Il Tempel (Tempio) ha preso il suo nome da Petru Schiopul ovvero lo Zoppo (1535-1594) che fu Principe (Voivoda) di Moldavia.

Invecchiato e ammalato si stabilì a Bolzano, dove venne accolto e -contemporaneamente – sorvegliato dal Landshauptmann Ferdinand von Kuelbach.

L'appartamento si trova al piano terra della torre."

La lettura ci chiarì il mistero del nome "Tempel, potendolo abbinare alla parola: "Il Tempio".

"Il Tempio" chi aveva usufruito di questa parola nel tempo della Storia?

Ci venne in mente un significato storico preciso: "I Templari"!

"I Templari", un ordine monastico fondato nel 1120.

Ordine che venne soppresso dal Papa Clemente quinto nel 1312.

L'Ordine era stato costituito a protezione dei pellegrini che si recavano in Terra Santa.

I Cavalieri Templari si riconoscevano per il loro mantello bianco e per la croce templare rossa.

Nel tempo l'Ordine aveva creato una struttura internazionale potente sia economicamente che militarmente.

Tutto ciò mosse l'invidia ed il timore dei Potenti dell'epoca, a cominciare dal re di Francia Filippo il Bello che mosse accuse che portarono ad un processo ed alla esecuzione dei principali templari.

Ma oggi dove sono i Templari?

Un mistero. L'unica cosa apparente è che - ancor oggi - vengono stampati dei libri, delle indicazioni bibliografiche che riportano storie, regole, statuti e cenni storici.

Si insiste particolarmente sulla Figura del Maestro, il Capo dell'Ordine, la cui volontà è equiparata alla stessa volontà di Dio.

Ma, tutto ciò premesso, i Templari se esistono ancora dove sono?

Attualmente risultano in vendita, presso alcuni negozi di oreficeria, l'anello ed il medaglione rappresentanti due cavalieri medioevali che galoppano su un unico cavallo e con una scritta:

“Ordine dei Palperes Commilitones Christi Templique Salomona “ -tradotto: “Poveri Compagni d’arme di Cristo e del Tempio di salomone”.

Molte leggende si sono rincorse - nel corso dei tempi - al fine di poter interpretare tale simbolismo.

Quella più fantasiosa si indirizza verso una possibile ricerca del tesoro, nascosto – dopo la cancellazione dell’Ordine- presso un luogo occulto.

I due cavalieri potrebbero rappresentare la fuga verso il tesoro ed il secondo cavaliere stia in quella posizione, in modo da suggerire al primo cavaliere, lo stesso luogo occulto. Tutto tramite la decifrazione dell’Enigma, inserita nella loro scritta misteriosa.

IL LABIRINTO

“Pericoloso è per il cervello, non attrezzato, avventurarsi nel mare dell’ignoto.”

Friedrich Nietsche

L’incontro era nel luogo stabilito ed io ebbi così il modo di poter far osservare, alla sua attenzione, l’anello dei Templari che avevo portato con me.

Lei, dopo averlo rimirato, mi disse:

“Ormai siamo tutti e due in un labirinto.

Ora, dobbiamo fare una scelta definitiva: fermarci o continuare.

Questi recenti accadimenti ci portano a pensare che siamo proprio di fronte ad un labirinto che contiene una certa pericolosità.”

Io le risposi: “A questo punto, la mia curiosità mi costringe ad andare avanti, proprio perché qualcuno desidera il nostro impaurito ritiro.

Sono convinto che tutto abbia una forte presenza storica ed attuale ed - a tale proposito - vorrei portare alla tua attenzione un Convegno che si era tenuto proprio presso il castel Mareccio, qui a Bolzano il 30 novembre 2017.

Convegno dal titolo: "Il turbine della Riforma protestante sulla Società tirolese."

Forse da quell'incontro, alcuni presenti al Convegno intuirono la possibilità di iniziare un nuovo dialogo di comportamento, specialmente per le possibilità collaborative."

Lei, dopo avermi ascoltato, mi disse: "Hai ragione, dobbiamo continuare!"

CAPITOLO SESTO
IL TURBINE DELLA STORIA

"Soltanto il caso può apparirci come un messaggio.
Ciò avviene per necessità, ciò che atteso, che si ripete ogni giorno, tutto ciò è muto.
Soltanto il caso ci parla. Il caso è pieno di magia:"
Milan Kundera – "L'insostenibile leggerezza dell'essere."

L'elenco dei partecipanti al Convegno era intenso di presenze interessanti, molto conosciute nel mondo economico.

C'era anche il nominativo del personaggio che destava la nostra curiosità.

Allora - come attualmente- svolgeva l'incarico di Professore presso la locale Università. Insegnava. "Analisi economica comparativa".

Era la persona adatta per poter rispondere ad alcune delle nostre domande.

Lo contattammo e ci fissò un appuntamento.

Io, l'Università la conoscevo bene, avevo provveduto anni prima a partecipare alla Fondazione di quell'Istituto.

Lui ci aspettava in una piccola saletta al primo piano; non era evidentemente curioso dato che ci conoscevamo da tempo.

Il quesito che ci eravamo posti di porre all'attenzione del Professore, riguardavano alcuni documenti contabili che mi erano stati consegnati proprio con quei fascicoli del contabile scomparso.

Lui li esaminò con attenzione, poi disse: "Ma come fa ad avere questi documenti riservati, dato che riguardano un Ente religioso locale e – pertanto - non pubblici.

Oltretutto sono documenti originali, dato che sono tutti sottoscritti.

Immagino che la sua curiosità sia rivolta verso alcune cifre che appaiano evidentemente "speciali" dato che riguardano importanti transazioni finanziarie.

Il Bilancio che mi ha presentato è contabilmente leggibile, dato che l'operazione è appariscente: una Finanziaria - e di questo si tratta- aveva in proprietà alcuni immobili che ha provveduto a cedere ad una società immobiliare che ha provveduto ad investire, il risultato economico, in numerose partecipazione nella "Energia". Mercato attualmente molto fruttuoso.

A conclusione - come esperto- posso dichiarare che il documento è redatto in una forma contabile impeccabile. Nulla da dire. Una sola considerazione personale: "Negli affari non bisogna mai confondere il fine con i mezzi".

Tutto è possibile, tutto fattibile, tutto legale, ma moralmente disdicevole!"

IL COLLOQUIO

"L' uomo guarda nell'abisso e non c'è nulla che ricambi il suo sguardo.
In quel momento un uomo trova il proprio carattere...ed è questo che lo salva dall'abisso;"

Kenneth Lipper - "Wall Street"

L'amico Ciro, il mago della cucina, regnava - come sempre - nel suo ristorante.

Il locale era affollato, ma Ciro – magistralmente - ci trovò un tavolo centrale.

Si mangiava bene; Carpaccio, ravioli verdi....c'era una grande varietà di portate.

I personaggi più interessanti del Mondo economico, erano accomodati ai vari tavoli intorno.

Di nome e di fatto, li conoscevo quasi tutti.

Lei, guardando i numerosi tavoli affollati, mi disse questa frase: "L'unico modo per restare forti consiste nel creare nuovo valore."

Purtroppo, i dati della Fondazione mi avevano fatto comprendere che certi ideali era stati venduti all'asta.

Capì, allora. che la prima regola che dovevo adottare era quella di farmi distrarre dai miei sentimenti e dai ricordi umanamente nostalgici.

Dovevamo cominciare di nuovo, a sangue freddo, in modo imparziale.

La battaglia, se fosse stata tale, doveva essere vinta prima di essere combattuta, come aveva astutamente scritto nel suo libro "L'arte della guerra" quel genio di Sun Tzu.

E, in proprio quel momento i cui pensavo ai prossimi eventuali avvenimenti, lui chiese il permesso di sedere al nostro tavolo.

LA CONFESSIONE

"L'inferno sono gli altri."

Sartre Jean-Paul

La persona dopo essersi accomodata, esordì con questa frase:

"Noi ci siamo precedentemente conosciuti, qualche anno fa, quando io svolgevo per un Ente, fuori Bolzano, l'attività di consulente economico. Era proprio la mia gestione poco convenzionale delle pratiche finanziarie che mi rese gradito per il mio lavoro.

Poi, arrivò lei con un incarico di controllore contabile.

Se mi permette di dirlo, fu una sgradevole sorpresa per tutti, dato che conoscevamo la sua integerrima fama di controllore.

Come ricorderà, l'esito del suo inappuntabile lavoro, portò allo scioglimento dell'Ente.

Presumo che lei -ora- si chiederà come mai mi sono permesso di attirare la Sua attenzione, è presto detto!"

Mi accorsi che il suo aspetto esterno era molto modesto, sia nel vestire che nel suo comportamento; nel contempo non capivo, dato il lungo tempo intercorso, il suo interessamento per la mia persona.

Lui, poi, riprese a parlare, quasi sussurrando le parole.

"Premetto che ora io svolgo le funzioni impiegatizie in una locale Società. Codesta Società gestisce numerosi interessi finanziari.

Per motivi di lavoro, io conoscevo quella persona che- qualche giorno fa – si presume che si sia suicidata.

Fra noi, dato il comune lavoro collaborativo, si era formata una certa intesa. Lei capisce che - la motivazione che ci univa - era improntata alla situazione delicata in cui ci trovavamo a lavorare. Oggi io ho paura per me, lei potrebbe essermi d'aiuto."

Noi lo ascoltavamo meravigliati sia per la sua improvvisa apparizione e sia per le sue inquietanti dichiarazioni.

Intanto la mia amica aveva scritto un biglietto e lo spinse verso la mia mano.

Vi era scritto: "Attento, mi sembra una provocazione!"

"Quello che mi ha raccontato è molto interessante e – se Lei è d'accordo - mi lasci il suo numero di telefono e troverò il modo per prendere contatto a breve."

Lui ci salutò, lasciando sul tavolo un biglietto, dove aveva lasciato scritto a mano i dati richiesti.

L'ANALISI

"Io sono responsabile di come scelgo di interpretare quello che vedo."

Kay Pollak – Regista

Il biglietto, ora nelle mie mani, era di una espressività grafologica intensa ed io, come attento studioso della scienza grafologica, interpretavo facilmente l'espressività di quella scrittura.

Mi venne in mente una frase dello scrittore Fernando Pessoa che aveva scritto nel suo libro. "l'ora del diavolo":

"Ogni simbolo è una verità sostituibile ad un'altra verità, fino a che il tempo e le circostanze restituiscono quella vera."

La "Grafologia" mi aiutava ancora una volta, ma che cosa è la "Grafologia"?

La "Grafologia" una scienza che rileva la personalità di una persona, tramite l'analisi della sua scrittura.

Dato che - tramite la scrittura - le persone cercano di dare la migliore immagine possibile al fine di poter ottenere l'attenzione altrui al fine di ottenere un dialogo ottimale.

Da studioso di questa Scienza, avevo intuito un metodo di analisi che avevo voluto nominare "Grafologia elastica".

Tale metodo esamina la metodologia dello scritto in modo longitudinale, specialmente nell'aspetto finale dello scritto.

Valutando la tensione estrema dello scritto si può notare come - la stessa scrittura - tenti di rientrare - in modo elastico - mediante la tensione destrorsa e sinistrosa, agevolata da una spinta, ascensionale o discendente, a secondo del rientro della stessa scrittura al termine dello scritto.

Ritornando al biglietto appena ricevuto, il mio esame grafologico, giustificava l'intuizione della mia amica.

Lei aveva avuto ragione nell'intuire l'ambiguità del personaggio che ci aveva avvicinato.

I segni grafologici erano evidenti, era un impostore!

A questo punto, davo ragione a Victor Hugo che scrisse questa frase:

"C'è gente che è disposta a pagare per potersi vendere."

E lui era in vendita, il prezzo era la sua ambizione!

Lui pensava di aver scelto noi, ma invece eravamo noi che avevamo, mediante il nostro intuito, scelto lui!

CAPITO SETTIMO

LA COSTANZA DELL'INCOERENZA

"Stanco di vedere il grande popolo tormentato,
e la legge santa in totale rovina,
per altre leggi la Cristianità
quando d'oro e d'argento trova nuova moneta."

Nostradamus -Centuria prima, versetto 53

Si può credere nell'esistenza delle Streghe?

La mia risposta è ferma!

Io credo nel loro martirio e – purtroppo - l'Alto Adige non fu indenne da questa colpa.

Le chiamavano "Stries".

Il processo più conosciuto per stregoneria fu quello a carico di Barbara Pachlerin, la Strega di Sarentino o anche detta Pachlerzottl che vuol dire la "Spettinata".

Lei venne accusata di far piovere sassi misti a pioggia e a grandine.

Il Processo venne celebrato presso il Castello di Sarentino, ancora oggi esistente.

Condannata, Barbara Pichlerin fu bruciata viva il 28 agosto 1540.

Quale era il mio ricordo improvviso a tale riguardo?

Perché cominciavo a capire il Cerchio che mi stava avvolgendo, in modo di poter creare una identità falsa riguardante la mia persona. Un Cerchio misterioso di identità, in gran parte a me sconosciute, che mi avvolgeva in una rete di cospirazioni.

Dovevo - per continuare il loro gioco - mettermi in contatto con lo sconosciuto che mi aveva recentemente contattato.

L'uomo non aveva mentito sulla sua identità.

Il telefono suonò a lungo, poi qualcuno rispose. La sua voce stridula si fece sentire.

Io dissi. "Ho pensato che sarebbe opportuno incontrarci. Mi dica quando e dove."

Fu veloce ad indicarmi il luogo e l'ora.

A quel punto pensai che fosse opportuno che mi recassi da solo all'incontro, lei fu d'accordo con me, rimanendo in attesa di mie notizie.

Pensoso mi misi a asservare dalla mia finestra la gente frettolosa che chinata, affrontava il vento precoce d'autunno.

Il luogo scelto dal mio interlocutore si trovava vicino ai "Portici" della città.

Era un locale tipicamente tirolese, dai tavoli e sedie di massiccio legno scuro.

Lui era già lì, in attesa. Mi sdetti al suo tavolo, ordinando un caffè.

Aveva uno sguardo sfuggente, che nascondeva la sua apparente banalità nel vestire.

Mi sembrava, nel suo apparire, come un esperto di Crittografia.

La crittografia è una metodologia per rendere segreto un messaggio.

Lui, dal mio esame grafologica, appariva essere il tipico personaggio capace di poter influenzare le persone con la sua aurea di mistero.

Più lo osservavo e maggiormente mi veniva in mente una frase dell'"Otello" di William Shakespeare:

“Non sono quello che sembro.”

A quel punto, presi dalla borsa che mi ero portato con me, il fascicolo dove figurava anche il suo nome.

Lui lo osservò e disse: “lei pensa -come tutti – che lui si è suicidato? No, lui è stato assassinato!”

Gli dissi d’impeto: “Sia più esplicito!”

Lui rispose: “Loro si accorsero che lui - il mio collega - poteva diventare uno scomodo informatore e perciò dovevano chiudergli la bocca e così venne “suicidato”.”

Lo bloccai d’istinto: ”le Sue sono dichiarazioni assai gravi e né lei e – certamente - io abbiamo delle prove in merito a questa misteriosa situazione.”

“Prove? Io ne ho una con me. Un documento che lui mi aveva affidato. Un documento con il quale “loro” pensavano di confonderlo con una promessa.”

Sfilò dalla sua tasca un foglio di carta, scritto su una sola pagina.

La carta era intestata proprio a quella Fondazione, presso la quale mi ero recentemente recato.

Mi consegnò il documento, al fine di poterlo leggere.

“Io sottoscritto (seguiva il nome ed il cognome della persona) dichiaro al Signor… (lo spazio era lasciato volutamente in bianco) un compenso annuo di euro ….(cifra lasciata in bianco) per la sua Consulenza prestata alla Fondazione.

Data in bianco, ma firma esplicitamente in evidenza.”

Lui riprese il foglio dalle mie mani.

“Questo documento - lui disse- ha gli stessi effetti di un “assegno in bianco”.

Il Presidente della Fondazione li usava per acquisire personaggi importanti per l'attività della stessa Fondazione e le dirò che aveva sempre un effetto immediato per una efficiente "collaborazione".

Lo sbaglio del mio collega è stato quello di pensare che poteva utilizzare per se stesso uno di questi documenti e perciò che è "morto".

Per loro fu un attimo accorgersi della sua appropriazione.

Attesero il momento giusto e gli hanno chiuso la bocca..."per sempre."

Per mia fortuna ho un informatore all'interno della Fondazione che mi ha riferito che si sta preparando qualcosa di grosso."

Lo interruppi. "La Fondazione forse sta progettando di cedere la propria attività ad una altra realtà economica, molto più potente e – logicamente - tutti questi documenti, a suo tempo emessi, diventeranno della carta straccia, mancando la possibilità di poterli rendere esecutivi. E questo che lei intende?"

Lui riprese a parlare: "Io ho voluto incontrare lei, in questo momento, al fine di avere una copertura in modo che possa svolgere ancora in incognito il mio lavoro, attendendo quelli che saranno gli avvenimenti futuri. Questo che ho è il solo lavoro possibile che posso svolgere. Questo lavoro è la sola possibilità di sopravvivenza e se lei potesse arrivare ad una soluzione silenziosa, sarebbe opportuno per tutti. Lei sarebbe rispettato ed io manterrei il mio lavoro. Lei sa che il miglior genio imprenditoriale consiste nell'avere i migliori subordinati.

Io – a loro - questo l'ho sempre dimostrato, ho solamente avuto la sfortuna di ricevere le confidenze del mio collega.

Non voglio fare la sua fine, ma -nello stesso tempo- non voglio mettermeli contro.

Loro hanno bisogno di me, come io ho bisogno di loro.

Si tratta di arrivare ad un accordo: il mio silenzio, il suo silenzio ed una proficua convivenza. Io, con il mio lavoro, lei...con i suoi libri, debitamente stampati e.. venduti.

Tutti vincitori, nessun perdente! Meglio di così, ci pensi!"

Non dissi una parola. Ci salutammo in silenzio e lo lasciai seduto al suo tavolo.

Fuori il tempo mi attendeva nebbioso, come era il mio stato d'animo: promesse, ma - nel contempo - una insidiosa minaccia.

Lei attendeva la mia telefonata: la informai e decidemmo di porre molta attenzione in merito ai nostri movimenti futuri.

CAPITOLO OTTAVO

NELLA TANA DELLA VOLPE

"Non dire le cose segrete a voce alta."
Graffito esistente nella Catacomba Cammodilla a Roma

Ormai era il mese di novembre.

La città era avvolta da nebbie persistenti e pioggia uggiosa in cerca di persone infreddolite.

Il freddo si era impossessato dei muri dei vicoli della città vecchia.

I Portici erano una via di negozi eleganti, come elegante era il locale presso il quale mi aspettava una persona a me completamente sconosciuta.

Lui, accogliente, mi disse:

"Grazie per esser venuto. Desidero presentarmi: sono il presidente di questa Associazione e - nel contempo mi presentò un vistoso cartellino da visita – come vede siamo una Associazione debitamente riconosciuta e siamo presenti nel nostro territorio dal 1527.

Svolgiamo attività di proselitismo nella Valle d'Isarco, in Val Pusteria, nella Bassa Atesina, nel Burgraviato e nella Val Venosta.

Pertanto si parla di località come Chiusa, Bressanone, Brunico, Bolzano, Renon, Laives, Ora, Egna, Termeno, Caldaro, Merano, Castelbello, Silandro, Glorenza e Malles.

Purtroppo, il dilagare del nostro pensiero evangelico impensierì -a suo tempo- le Autorità tirolesi e cominciarono - nei nostri confronti - le persecuzioni.

Un nostro portavoce della Riforma protestante in Alto Adige fu

Georg Blaurock, nato nel 1492 in Svizzera, purtroppo venne presto individuato, catturato, torturato ed arso vivo nella piazza centrale di Chiusa.

Cominciò così il nostro esodo in altri Paesi.

Ora, siamo ritornati e stiamo ampliando la nostra attività anche nel mondo economico.

Un mondo, come quello attuale, corrotto e non corrispondente alle leggi di nostro Signore.

Lei - come sappiamo – si sta muovendo in ambienti ostili e che non fanno "prigionieri" o – meglio - non possono fare dei "prigionieri"; le loro attività non lo permettono.

Lei - per il Suo percorso assai insidioso - avrà bisogno di assistenza e di "Amici". Noi ci siamo. Pertanto rimaniamo a disposizione sia per le nostre attività umane che finanziarie associative."

La sua stima mi aveva colpito. Tramite lui si rafforzò il mio senso atavico della mia identità umana.

Anche questo incontro poteva coincidere con il percorso del mio "strano" viaggio, alla ricerca di una possibile soluzione del mistero che mi circondava.

Stavo rendendomi conto che il famoso "Cerchio" non era così stretto ed oscuro come si era presentato all'inizio della Storia.

Ci lasciammo con un sorriso ed una speranza di verità.

LA TANA

"L'uomo di ingegno si riserva alcune prerogative, ad esempio: la scelta dei propri interlocutori."

La telefonata fu allarmante. Il tono di voce quasi isterico: “L’anno ucciso!”

Intervenni subito: “Calmati, cosa è successo?”

Lei tornò a ripetere:” L’hanno ucciso. La notizia è arrivata in minuto fa in Redazione.

L’uomo che avevamo recentemente conosciuto e che ci aveva confidato la sua intima situazione, è stato investito da una motocicletta che lo ha travolto, fuggendo immediatamente, lasciandolo morto sulla strada.

La motocicletta è stata subito trovata abbandonata in un campo, totalmente arsa dal fuoco e probabilmente rubata.”

Le ripetei ancora di calmarsi.

“Ascoltami, vediamoci alla solita libreria, Io sarò lì ad aspettarti.”

Chiudendo la porta di casa, pensai alle sue parole. Non credetti neanche per un attimo all’incidente casuale. Avevano voluto chiudere un’altra bocca che parlava troppo.

Appena entrato in libreria, il proprietario mi porse un libro.

“Uno sconosciuto ha acquistato questo libro, incaricandomi di consegnarglielo.”

Era un libro rilegato dal titolo: “La via dei tarocchi”. “Tarocchi”, una materia a me completamente sconosciuta!

Una carta simile a quelle da gioco era fermata con un fermaglio ad una pagina del libro.

La carta rappresentava uno strano personaggio, appeso con un piede ed a testa in giù. In basso vi era una notazione: “Le Pendu – l’Appeso”.

Il Capitolo segnalatomi era il numero dodici e ripotava lo stesso Personaggio, con ampie spiegazioni, per me esoteriche.

Il fermaglio aveva anche appeso un foglietto che portava la seguente dicitura:

“Confraternita dei Beati Paoli”, vi era anche un indirizzo: un vicolo - a me sconosciuto - nel centro di Bolzano.

Sfogliando il libro mi accorsi che nella prima pagina, qualcuno aveva scritto questa frase:

“Il Mistero più grande non risiede nel misterioso, ma in ciò che apparentemente non ha misteri.”

Il libro risultava ben curato nella sua scrittura, con numerose misteriose immagine di personaggi pomposamente illustrati ed a me completamente sconosciuti.

La mia stessa impressione la ricevette la mia amica che era sopraggiunta alla quale avevo mostrato il libro.

Capimmo che qualcuno continuava a gestire un gioco misterioso e per noi sempre più complesso.

Però, decidemmo di continuare nel proseguire nell’itinerario al fine di poter svelare chi fossero i personaggi che continuavano a tessere una tela, predisposta a mantenere l’occulto delle loro operazioni, non solamente dirette al loro mondo economico.

LA CONFRATERNITA

“Tempora mutantur et nos mutamur in illis.”

Faceva molto freddo, anche se il tempo si stava rasserenando.

Era quasi buio quando mi incamminai lungo un vicolo, costeggiato da case buie e silenziose.

Poi, passato l’angolo del vicolo, trovai una porta illuminata da una piccola lampada.

Non vi era alcuna indicazione, ma il numero civico corrispondeva a quanto in precedenza indicatomi.

Bussai forte alla porta ed una voce - quasi belante - chiese: “Chi siete, chi cercate?”

Lo informai che ero alla ricerca della sede della “Confraternita dei Beati Paoli”.

La porta si socchiuse, facendo sporgere una piccola mano e la “voce” disse: “Mi dia la carta”.

Per fortuna avevo quella carta da gioco, allegata al libro, nella mia tasca e glie la allungai.

Lui l’afferrò e -nel contempo- mi diede un foglietto di carta e - con un gesto rapido - richiuse la porta.

Il foglietto era stampato e riportava un solo nome: quello di una società ben conosciuta in Città.

Il nome mi era noto, dato che era fra le maggiori società finanziarie della regione. La sua sede si trovava presso la Zona industriale.

Raggiunsi il palazzo di sette piani, totalmente occupato dalla stessa Società.

Al portiere -all’entrata- mostrai il biglietto che avevo con me e subito venni indirizzato ad un ascensore. Un inserviente mi accompagnò fino all’ultimo piano e dove una impiegata mi attendeva all’uscita dell’ascensore.

Ero sorpreso per la perfetta sincronia del personale, quasi fosse stato indirizzato - in precedenza- per il mio arrivo.

Fui accompagnato ad una porta che si aprì automaticamente.

Entrai in un vasto locale, con pareti addobbate con quadri di epoche diverse, probabilmente di notevole valore.

Lui sedeva dietro un vistoso tavolo medioevale.

Il suo sorriso mi accolse con una manifesta simpatia.

Mi fece accomodare di fronte a lui e continuando con il suo ampio sorriso mi disse:

“La attendevo da tempo ero interessato a conoscere l’autore di libri che mi hanno molto incuriosito per le sue ricerche storiche.

Per il mio lavoro, prendo in esame molte proposte, ma ne scelgo accuratamente poche e tutte devono essere redditizie.

Ho una mia regola precisa, ascolto, considero anche le idee contrastanti, però devono tutti - dopo la mia decisione- conformarsi alle mie, in ogni caso!”

Dopo un certo silenzio, contornato da un suo sguardo malizioso, riprese a parlare: “Sono informato che lei sta effettuando, probabilmente per la redazione del Suo nuovo libro, alcune ricerche in merito ad alcune attività finanziarie del Territorio.

Argomento certamente interessante, ma forse noioso, per dei lettori non esperti del settore.”

Il suo sguardo cominciò a cambiare, come il suo sorriso.

L’atteggiamento era improntato dalla sua evidente personalità di potere.

Capiva il valore degli individui che incontrava e specialmente quello che poteva comperare in merito alle idee degli altri.

Il Consumismo non sfuggiva a niente. Il denaro poteva tutto e per lui -evidentemente - tutto si poteva comperare; era solo una questione di prezzo o di valori sociali.

Lui riprese a parlare: ”Io, oltre a questa società, presiedo una attività che si attiva nel voler mantenere inalterati i valori della fraterna amicizia tramite il conseguimento di comuni ideali umanitari.

La nostra attività si rivolge prettamente al Mondo civile, fornendo assistenza e conforto

Il nostro Motto è: “Recto lucet – brilla di rettitudine”.

Noi desideriamo progettare una Società dove la cultura sia guida di comportamento, basata sul reciproco rispetto.

Ad esempio, oggi, non esiste rispetto verso le Istituzione e - quel che è peggio - verso la Famiglia.

Purtroppo le Masse – oggi - hanno bisogno di illusioni ed a queste non vogliono rinunciare.

Un noto scrittore che so che Le è molto caro: Piero Gobetti ha scritto nel suo libro: “La Rivoluzione liberale”, questa frase che le cito a memoria:

“La Storia recente ha dimostrato, in modo indiscusso, la superiorità degli incompetenti sui competenti.”

Come vede, sembra - dai suoi scritti - che abbiamo le stesse idee in merito alla attuale Società. Pertanto, potremo collaborare insieme”.

Rimase silenzioso, in attesa di una risposta.

Io presi a parlare con una certa cautela di comportamento.

“La ringrazio per la simpatia che mi sta dimostrando, tramite questo incontro, ma ancora, non riesco a comprendere quale sia lo scopo del suo invito.”

Lui mi guardò sorpreso e riprese a parlare, con una certa asprezza, di linguaggio.

“Lei mi meraviglia, la pensavo più intuitivo! Parliamoci chiaro: lei è uno scrittore abile nel riportare degli argomenti storici molto interessanti, ma la sua Casa Editrice, nulla togliere alle capacità editoriali, ha però un punto debole: la distribuzione.

I suoi libri viaggiano molto tramite Internet, ma - da come ci risulta - poco presenti nelle librerie.

Noi vorremmo acquisire le sue capacità redazionali tramite una nostra Casa Editrice che ha sede a Milano. Lei potrà seguire il suo lavoro con una seria ed attenta collaborazione tramite nostri esperti. Le metteremo gratuitamente a disposizione un nostro alloggio, completamente arredato.

Come vede, noi crediamo in lei e nelle sue capacità. Adesso tocca a lei darmi una risposta: Una risposta immediata, data la vastità dei nostri impegni."

Lui, abilmente, aveva adottato "la tecnica dell'esca":

Una persona non potrà fare quello che desidera, dato che il punto di partenza è sempre costituito dal fatto che il "prodotto" desiderato non può essere disponibile e si dovrà ripiegare pertanto su un'altra scelta.

Il suo discorso era simbolicamente chiaro: "Non cercare la tua verità, ma trova invece la nostra ricchezza."

Rimanemmo in silenzio a guardarci. Lui simile ad un gatto, pronto ad azzannare il topolino che aveva di fronte.

Pensando agli avvenimenti recenti, mi vennero in mente i morti e le loro "strani incidenti".

D'impeto gli dissi: "…e i morti?"

Lui, innervosito, con una voce ed un sorriso cinico, rispose:

"Due cretini! Non penso che ci sia qualcuno che voglia seguire la loro sorte!"

Continuò con lo stesso tono di voce. "Attendo la sua immediata risposta: o sì o no. Non ho più tempo per attendere, oltretutto la mia pazienza ha un limite!"

Mi alzai di scatto e volgendomi verso la porta per abbandonare quel luogo per me insano, gli dissi:

"Lei ha fatto - nei miei confronti - uno sbaglio fondamentale. Lei ha creduto che in tutta questa vicenda il mio unico scopo fosse quello di scrivere un mio nuovo libro. No, ha sbagliato! Forse poteva essere l'inizio di una mia nuova ricerca; ora, però, il mio scopo - il mio unico scopo - è quello di poter svelare un mistero che - forse- sta già avvolgendo tutta la Città."

Uscì, lasciandolo al suo Inferno.

CAPITOLO NONO

LA CONVERSAZIONE

“Per il più folle ed insieme più semplice racconto che mi accingo a scrivere, non mi aspetto né sollecito credito alcuno. Sarei matto ad aspettarmelo in un caso in cui, i miei stessi sensi respingono quanto hanno direttamente sperimentato.”

E. A. Poe – “Il gatto nero”

Solito posto, ma insolito viso. La vidi preoccupata. Mi disse: “Sto facendo delle ricerche in Redazione è sto controllando le grafie dei personaggi che stiamo incontrando. Ognuno di loro ha una presenza sociale notevole e notevolmente inserita in ambienti economicamente importanti. Solo scorgendo una fessura nella loro piramide di potere, si potrà creare una alternativa di comportamento.

La loro forza è il denaro, nel contempo è lo stesso denaro che può creare la loro debolezza. Secondo me bisognerebbe sondare il loro “ Think Tank”, cioè il loro serbatoio di idee. Verificare i loro Gruppi autonomi, finanziati da privati con precisi scopi economici.

Questa è una catena di comando, se si dovesse sfilare un anello, tutta la catena si sfalderebbe.

Il denaro e pertanto anche il potere, temono solamente un avvenimento ciclico terribile “la Crisi economica”. La gestione quotidiana del denaro incoraggia ad affrontare dei rischi e diminuisce la possibilità di eventuali eventi negativi. Poi arriva una Crisi economica e - come una bufera - terrorizza tutti.

Solamente la paura potrà essere alleata per traumatizzare i componenti di questa catena. Basta un anello debole e tutto crollerà in un attimo. Occorre trovare questo anello, ne basta uno per far crollare tutto il sistema.

Nel 1998 bastò il crollo di una società di investimenti finanziari - una hedge fund - con centinaia di dipendenti, convinti della sicurezza del lavoro a creare la perdita più impressionante della storia del trading.

Ti faccio avere il mio elenco e tramite quello esamina, con i fascicoli in tuo possesso, le possibilità di trovare un punto debole della catena".

Ci salutammo e le strinsi la mano, grato del suo coraggio.

LA RICERCA

"Ogni cosa viene edificata innanzitutto dentro di noi, perché il primo materiale è sempre la Forza morale, la Volontà e la Determinazione di arrivare fino in fondo."

Carlo Sgorlon – "La conchiglia di Anath"

Con l'elenco che lei mi aveva inviato, cominciai a sfogliare i fascicoli in mio possesso, prendendo continuamente appunti.

Ogni fascicolo era accompagnato da una relazione che svolgeva una analisi approfondita delle caratteristiche che si evolve conformemente a precise linee di sviluppo che erano le seguenti:

Scopi socio-economici:

- Allargamento del Raggio di azione;
- Collaborazione tramite eventuali professionisti esterni,

specializzati nell'area contabile e fiscale;
- Inserimento nell'economia locale in tutti i settori produttivi.

Mercati privati:
- Rivolgersi in modo particolare alle piccole imprese, creando la possibilità di nuovi posti di lavoro al fine di creare del consenso sociale;

Mercati pubblici:
- Rafforzare la presenza di società cooperative nel mondo economico;
- Ampliare la presenza nelle Istituzioni sanitarie.

Organismi collegiali, tecnici-consultivi:
- Definizione e sviluppo del sistema di controllo interno;
- Formulazione di obiettivi di semplificazione delle procedure amministrativo -contabili;
- Formulazione di direttive inerenti procedure e strumenti di lavoro.

CONCLUSIONI

A questo punto, avevo posto i fascicoli davanti a me, come fossero delle carte da gioco.

Il punto di partenza era quello di attivare una comparazione fra fascicoli.

Avevano tutti un punto in comune.

Era quello di confrontare l'Elenco delle Cariche sociali: nominativi ed indirizzi.

Appartenevano tutti ad una Classe sociale elevata.

Dai verbali societari appariva una notevole esposizione delle loro capacità imprenditoriali. Una presa di potere univoco.

Personaggi che il filosofo Nietzsche aveva chiamato "Bildungsphilisters": uomini dotati di una cultura umanitaria superficiale e convenzionale. Personaggi che sono privi di curiosità civica, concentrandosi - in modo assoluto - nelle proprie idee basilari per poter spaziare nel loro campo di vita. Per Nietzsche, dei Filistei colti, ma indolenti nei confronti di una vita sociale che non sia la propria.

Per nascondere la loro incapacità nell'affrontare il Mercato dovettero costituire un alibi: un nemico, un colpevole ideologico, una battaglia "umanitaria" a difesa dei lavoratori.

Il nemico si chiamava: massimizzazione dei profitti.

Il Mercato stabilì che i manager dovessero venire remunerati in base a quanto erano in grado di fornire - tramite utili - agli azionisti.

Il modo più facile per raggiungere tale scopo era tagliare i costi, ma quale era il costo più semplice per raggiungere questo obbiettivo? Semplice ed immediato, tagliare i costi del Personale.

I posti di lavoro sarebbero stati notevolmente ridotti, molti dipendenti licenziati, altri – eventualmente - assunti a tempo determinato con relativo salario ridotto e minori diritti.

Questa politica aziendale avrebbe potuto - nell'immediato - aumentare la produttività nel breve periodo, ma nel lungo periodo le conseguenze sarebbero risultate negative.

L'eventualità di avere meno dipendenti avrebbe portato ad esigenze di produttività maggiori, a scapito dello spirito collaborativo ed alla costante presenza di un uno stress psicologico, dovuto all'incubo di eventuali licenziamenti.

Queste potevano essere le ragioni di un persistente contrasto aziendale nei confronti di questa politica presunta espansiva, quale poteva essere quella che applicava la massimizzazione dei profitti.

Questa politica aziendale, se eventualmente adottata, avrebbe travolto lo spirito collaborativo esistente nell'ambito associativo che operavano esplicitamente nell'ambito sociale.

Il peggio – però - poteva essere il cambiamento di gestione e - di conseguenza - la sostituzione della Classe dirigente, apportante uno notevole squilibrio nel Potere attuale, gestito da una Corporazione assolutista.

RIFLESSIONI

"Il Cielo e la Terra non hanno pietà e trattano le miriadi di creature come cani di paglia; il Saggio è senza pietà e tratta le persone come cani di paglia."

Lautzu –"Dàodèjing

La metodologia di questo gruppo di potere era evidente: creare un contenitore di strategie attuative, capaci di poter attrarre importanti personalità della Società civile, del Mondo del volontariato e associativo.

L'obiettivo era quello di poter ripartire uno schieramento collegato ad una unica Conduzione lineare, capace di raggiungere i singoli scopi prefissi, sotto l'egida di una unica realtà operativa.

A questo punto della mia ricerca, mi rendevo conto che il panorama offerto dalla documentazione -in mio possesso- mi portava ad una visione pessimistica nella realtà che mi circondava.

LA RIVELAZIONE

"Orrore e fatalità hanno traversato il Mondo in ogni tempo."

E.A.Poe – "Metzengerstein"

Poi- inaspettatamente- mi accorsi che c'era un' altro fascicolo, sottile, sigillato e con una scritta imperiosa sulla copertina: "Riservato".

Il fascicolo esponeva una serie di nomi conosciuti, stilati su alcuni fogli, con una intestazione misteriosa: "Lista nera".

A questo punto era necessario incontrare un personaggio che era il depositario storico della Città.

Un professore da tempo in pensione.

Sapevo già dove potevo incontrarlo: di fronte ad una scacchiera nel suo solito locale.

CAPITOLO DECIMO

SCACCO MATTO

“Nell’angolo severo i giocatori
muovono i lenti pezzi. La scacchiera
li avvince fino all’alba al duro campo
dove si stanno odiando due colori.”

Jorge Luis Borges – “Scacchi”

La luce fioca della sala si rifletteva su nere e bianche scacchiere, disposte su piccoli tavoli quadrati.

Sapevo di trovare il mio “uomo misterioso”: il Professore.

Avevamo cominciato - come il solito - una partita di scacchi.

Lui ed io, di fronte, muti con lo sguardo attento su dei piccoli pezzi di legno, dal potere simbolico.

Lui con i “bianchi”, io - per sorte - con i “neri”.

Lui fece una rituale mossa di apertura, muovendo il pedone di Regina ed io risposi con il mio pedone nero, sulla stella linea.

Lo guardavo, mentre vedevo che stava - nella sua mente - strutturando il seguito della partita. Poi mosse un Cavallo, capì che stava intraprendendo una partita detta “Difesa francese”, per me non facile da fronteggiare, inoltre mi accorsi che

il mio avversario era un “mancino”. Per esperienza di gioco, sapevo che i mancini sono -per la loro posizione della mano- dei terribili “avversari”.

Fino a quel momento, tranne i normali convenevoli di saluto, non ero riuscito ad aprire la sua confidenza.

Io, intanto, lo osservavo con attenzione. Il suo sguardo, fisso sugli scacchi, era caratterizzato da occhi volutamente socchiusi come quelli di un gatto, in attesa della preda.

Nel frattempo, le prime mosse ci avevano trascinato in un gioco movimentato da scambi di Pezzi.

Poi, improvvisamente, sentì la sua voce dire una parola sola, per me terribile quale la voce Scacco!

Fui sorpreso per la velocità del suo gioco.

Lui continuò: "la voglio avvertire, fra poche mosse, le darò scacco matto!"

"Scacco matto", due parole pesanti per la mia ambizione di giocatore.

Mi chinai sul gioco che ormai avevo già perso e mi venne in mente il giorno del nostro primo casuale incontro. Era avvenuto presso una locale libreria.

Ci eravamo rivolti verso lo stesso scaffale e - nello stesso momento - cercavamo l'identico libro: una casualità, forse?

Cominciammo a conoscerci e subito apprezzai le sue conoscenze storiche del Territorio.

In fondo, sapevo che aveva insegnato presso un Liceo, che la sua famiglia era di origine austriaca e che era un ottimo giocatore di scacchi.

Ora, sapevo che svolgeva una attività di volontariato presso alcuni Enti religiosi.

Ero al corrente che gli era stato messo a disposizione un locale anonimo, dove svolgeva la sua attività collaborativa.

Dopo queste mie considerazioni, ripresi ad osservare la partita.

Pensai di agire con tempestività, a difesa del mio gioco, con una mossa un po' ardita.

Lui, di rimando, spinse il proprio Alfiere in avanti e la sua voce risuonò nuovamente sibillina: "Scacco al Re!"

Il suo volto soddisfatto si volse verso tutta la sala, come se tutti avessero osservato il suo gioco.

Si appoggiò alla sua sedia, incrociando le braccia. Sapeva che ormai aveva vinto la partita, dato che io non avevo altra possibilità di scelta per eventuali mosse vittoriose.

Mi chinai sulla scacchiera, per meglio osservare il gioco, concludendo di porgergli la mia resa e così fu.

Ci stringemmo la mano da buoni giocatori e gli offrì di recarci nel vicino bar, per festeggiare la sua vittoria.

Ne fu compiaciuto e ci recammo presso il locale scelto.

Il vento autunnale ci attendeva all'uscita e ci fu di gran conforto la tazza di cioccolata che ci fu servita su un piccolo tavolino, appena entrati.

Logicamente passammo a commentare la partita di scacchi.

Mi spiegò che la sua metodologia di gioco la applicava ormai da vent'anni, sempre con esiti positivi.

CONFIDENZE

"Sono come un viaggiatore che all'improvviso si trovi in una città estranea, senza sapere come vi è arrivato."

Fernando Pessoa- "Il libro dell'inquietudine".

Io pensai che se uno riusciva a prevedere uno scacco matto con così tanto in anticipo, doveva essere un esperto di prim'ordine nel gioco.

Lui riprese a parlare: "Mio padre era un uomo molto ricco, con una sola passione il gioco degli scacchi.

Lui seguiva tutti i tornei e mi portava sempre con sé.

Imparai da solo, guardando ed esaminando cosa facessero i giocatori: aperture, medio gioco, finali.

Imparai tutto quello che potevo in quelle occasioni, osservare e divenni - in seguito - un vero talento naturale.

Ingenuamente pensai – allora - che potevo intraprendere la carriera di giocatore professionista.

Ma il destino decise diversamente. Mio padre perse tutta la sua ricchezza investendo malamente il suo denaro.

Vinsi un concorso di insegnante, ma rimase in me una voglia di rivalsa verso quel mondo che aveva distrutto la vita di mio padre.

Cominciai ad interessarmi, da semplice spettatore, alle attività finanziarie.

Approfittai delle mie conoscenze così acquisite, procedendo a piccoli, ma fruttuosi investimenti.

Il mio nome cominciò ad essere conosciuto come esperto del settore.

Iniziai ad appassionarmi del mondo del Teatro e ad amare sempre più questa frase dell'" Otello" di Shakespeare:

"Quando i diavoli vogliono spingere qualcuno a commettere i più neri peccati, li rivestono di apparenze celesti".

Comincia a fare "certe" conoscenze. Forse Lei ricorderà questo nome: "Odessa".

Era una organizzazione costituita appositamente per poter proteggere la fuga dei più noti nazisti, ma la vera attività era diretta a programmare futuri investimenti finanziari.

Furono costituite all'Estero numerose società finanziarie.

Alcuni personaggi nazisti, si fermarono in Alto Adige e aprirono alcune attività economiche.

La loro sede operativa si trovava proprio qui a Bolzano, in Via Leonardo da Vinci 24.

Un'altra attività si trovava -sempre a Bolzano, in Piazza della Mostra.

Pensi che persino l'ex Gauamtsleiter tirolese Lantsacner Friz aveva aperto una attività di costruzioni edilizie proprio qui a Bolzano, scoperto, fuggì prima a Roma e poi in Argentina.

Inoltre c'era un'altra organizzazione che operava solo localmente e si chiamava SOD.

Essa era costituita come una polizia locale, sotto il comando effettivo della SIPO tedesca, ma anche procedeva alla requisizione dei beni degli ebrei, il tutto veniva accumulato presso una villa, anch'essa requisita al locale Primario dell'Ospedale.

Le sto raccontando tutto questo per la stima che ho verso di lei per come ha affrontato la Storia locale nel Suo libro "Stazione Bolzano", dove ho rivissuto dei momenti della mia giovinezza.

Venni perciò contattato da alcuni personaggi che avevano notevoli possibilità economiche da investire, il tutto tramite alcuni compiacenti prestanomi.

Il mondo delle Fondazioni ha delle possibilità operative notevoli ed è proprio in questo mondo che attualmente sto prestando la mia collaborazione finanziaria."

Colsi l'occasione di questo suo momento di confidenza per porgergli delle domande in merito ai nomi della famosa "Lista nera" in mio possesso.

Mi guardò a lungo e poi mi disse: "Anche questa volta le risponderò teatralmente come Iago nell'Otello:

"Non chiedetemi nulla. Quello che sapete, sapete. Non è onesto da parte mia dire ciò che ho visato e che sono venuto a sapere."

Io gli risposi: "Prendo atto della sua citazione ed io chiederò allo stesso Iago che lei ha citato in precedenza, di poter rispondere alla sua considerazione:

"Sono anni che conosco il Mondo, e da quando ho imparato a distinguere la bontà dalla cattiveria, non ho mai trovato un uomo degno che sapesse amare se stesso.
Dipende soltanto da noi essere in un modo piuttosto che in un altro.
Uno scaltro permette di sembrare un uomo per bene per meglio soddisfare i suoi desideri segreti."

Lui, dopo aver ascoltato con attenzione, mi disse: "Complimenti per la sua memoria e per la sua passione teatrale.

Io posso aiutare la sua ricerca, data la mia particolare attività confidenziale, indirizzando la sua attenzione dove - in questo momento- si stanno attivando gli interessi economici di cui stiamo storicamente trattando.

Un fenomeno nuovo, un fenomeno finanziario e improvvisamente apparso sul mercato, dal nome misterioso: "Bitcoin".

Bitcoin è un sistema di pagamento valutario internazionale, creato da un anonimo inventore.

Un metodo "magico" per investire e disinvestire ingenti somme rappresentate da investimenti finanziari in valuta elettronica.

La criptovaluta (Bitcoin) protegge dalla inflazione e favorisce la libertà di pagamento.

Purtroppo essa è ancora molto rischiosa, ma se uno ha l'abilità di intuire le oscillazioni di mercato in anticipo, può ottenere ingenti guadagni.

A questo punto, mi sento di fornire un piccolo, ma buon consiglio, stia attento, lei che sta affrontando un percorso molto insidioso e sconosciuto.

Ho paura che lei - con questa sua metodologia di indagine - stia per mettersi in contrasto con persone molto influenti e - se permette la mia osservazione - oggi, è di gran lunga meglio essere influenti che potenti."

All'uscita dal locale, ci attendeva una pioggia fitta e sottile, simile a come era stata la nostra conversazione.

Ci salutammo con un reciproco rispetto. Ognuno, per la sua strada.

Lui con la sua storia, io con la mia ricerca di verità.

"Nella vita a volte è necessario saper lottare, non solo senza paura, ma anche senza speranza."

Sandro Pertini

CAPITOLO UNDICESIMO
LA LISTA NERA

"C'era nella sciagura una parte d'astratto e irreale. Ma quando l'astratto comincia a ucciderti, bisogna ben occuparsi dell'astratto."

Albert Camus

La stagione invernale aveva anticipato il freddo che mi attendeva paziente già sull'uscio di casa.

Mi strinsi il cappotto intorno al corpo, fino a che, con un sospiro di sollievo - aprii la porta della Trattoria.

Ero alla disperata ricerca di notizie. Tutti coloro che conoscevo forse potevano essermi utili.

Lui era già arrivato ed un bicchiere di vino rosso gli faceva compagnia.

Scegliemmo dalla Lista del menù "Una sella di vitello in crosta di erbe aromatiche".

Gustammo in silenzio il piatto da noi scelto.

La trattoria era spaziosa e disponeva di una ventina di tavoli.

L'arredamento rustico, aveva un soffitto di legno, così come i muri, dando il tutto una atmosfera calda e ricettiva.

Intorno vi era un piacevole tepore ed un profumo intenso di cucina.

Il cameriere, con un lungo grembiule blu, passava fra i tavoli, versando il vino della casa.

Ad un tratto, decisi di iniziare ad affrontare l'argomento del nostro incontro.

“Devo portare alla sua attenzione una faccenda che mi preoccupa.”

Mi sentivo un po' impacciato nel raccontare la mia storia.

La narrazione fu lunga, lasciandomi con il dubbio di quanto potesse essere poco convincente la mia esposizione.

Aggiunsi: “A questo punto, forse lei potrà credere che io sia un pazzo od uno svitato!”

Come prevedevo, il suo volto esprimeva un vivace stupore.

Ormai sentivo una certa stanchezza, non solamente per il mio lungo racconto, ma per il peso di tutti gli argomenti intercorsi in così breve termine.

Lui intanto aveva un atteggiamento pensoso.

Svolgeva da anni la professione di avvocato.

Io avevo bisogno di un suo consiglio.

Intanto sul suo volto era apparso uno strano sorriso.

Disse: “Continui, mi interessa.”

Gli porsi il foglio che avevo in tasca.

Dissi: “Questo è il famoso elenco che avevo accennato prima.”

Lui lo prese e lo scorse rapidamente: “Presumo che a questo punto, loro” ormai sapranno tutto; “loro” hanno conoscenze, amici potenti. Occorrerebbe trovare un alleato all’interno della loro struttura. Un uomo onesto sarà difficile; occorrerebbe un ipocrita, un ambizioso al quale non abbiano dato il “rispetto” dovuto e la presenza operativa all’interna della stessa organizzazione.”

Scorrendo l’elenco intuì subito un nome e lo segnalai al mio interlocutore. Questa persona non la conoscevo personalmente, ma avevo sentito parlare molto di lui, quasi sempre dei pettegolezzi.

Era un ambizioso vanesio ed aveva anche un soprannome: "Fra Mistero"; non che fosse un monaco, anzi, questo soprannome era dovuto dal fatto che abitasse in una casa di sua proprietà che - un tempo - era stato un Monastero di Monaci.

Lui - dopo avermi ascoltato - assentì sulla mia scelta. Anche per lui - questo "Fra Mistero" poteva essere il personaggio adatto per un incontro informale.
Ciò stabilito, ci salutammo con l'intesa di poterci aggiornare in merito alle mie future iniziative.

L'INCONTRO

"Lui era un rebus, avvolto in un mistero che stava dentro ad un enigma."

Winston Churchill

Di lui - Fra Mistero - sapevo che era nato a Bolzano, in un quartiere operaio.

Suo padre era stato un operaio presso una Azienda nella Zona industriale.

Dopo il diploma di Ragioniere, era stato assunto presso una Banca locale.

Licenziatosi dalla Banca, tramite un misterioso Socio d'affari, procedette a lucrosi investimenti immobiliari.

Lasciato il mercato immobiliare, diventa fiduciario di un Fondo finanziario, dedicandosi agli investimenti azionari.

La sua avidità non aveva limiti. Il suo denaro aveva fatto il modo di poter apparire come un uomo di potere, temuto e rispettato, ma in segreto, deriso per le sue ambiguità caratteriali.

Chiesi, al suo segretario, di poter ottenere un appuntamento. Stranamente mi fu subito concesso.

Entrato nel palazzo, venni accompagnato in un ampio salone, in fondo vi era un salottino dove venni introdotto.

Il lusso degli arazzi, dei mobili antichi, di quadri settecenteschi colpivano l'immagine dei miei pensieri.

Era uno degli stabili più lussuosi della Città.

Lui non si fece attendere. Era piccolo di statura, ma il suo sguardo indagatore, lo faceva apparire una persona altezzosa.

Il volto riflessivo ed altero era l'immagina viva del personaggio, consapevole della sua immagine e del suo potere.

Il suo sorriso, sottile ed arguto, era quello di una persona curiosa ed avida di novità.

Cominciò a parlare con una voce limpida e schietta:

"Ero curioso di avere la possibilità di conoscere la sua persona, sia come scrittore e - se mi permette - come indagatore dei costumi della nostra Società.

Mi tengono informato sulle sue strane e misteriose iniziative – mi permette il termine - "invadenti ".

Si vede che il buio l'attira, ma possono apparire degli improvvisi lampi di luce che possono accecare.

Ancora non ho intuito lo scopo della sua visita; lei è venuto come amico o come nemico?

Io ho solamente un motto nella mia vita che ho sempre osservato: "Nessuno mi ha mai ferito impunemente."

Lei ha potuto incontrare dei personaggi altolocati che si erano – però - dimenticati che non esistono problemi che non possono essere affrontati seduti intorno ad un tavolo e così "il gioco delle parti, di pirandelliana memoria", ha continuato a svolgersi con delle incomprensioni reciproche.

Ad esempio, lei ha involontariamente e ripeto: involontariamente, confuso, forse per poca conoscenza del settore, l'attività di una integerrima Fondazione locale che svolge con alacrità il suo compito assistenziale.

Anch'io -modestamente- svolgo la medesima attività mediante la Confraternita alla quale aderisco.

Cerchiamo, con i nostri mezzi messi a disposizione, di poter fronteggiare l'incertezza del futuro, specialmente in situazioni di particolare ansia, come quelle attuali."

Il suo era un atteggiamento presuntuoso che non ammetteva repliche.

Non chiedeva risposte, né adesioni, proponeva le sue considerazioni sui recenti avvenimenti da me suscitati.

Poi, lui con il solito sorriso indisponente, si alzò, salutandomi con un cenno del capo.

La piazza, all'uscita, mi accolse con il suo freddo, certamente non intenso come quello che avevo nel mio animo.

Appoggiato al portone che si era chiuso alle mie spalle, ricordai un brano dei "Promessi sposi" di Alessandro Manzoni

"I provocatori, i soverchiatori, tutti coloro che, in qualche modo, fanno torto altrui, sono rei, non solo del male che commettono, ma del pervertimento ancora a cui portano l'animo degli offesi."

Mi incamminai nel buio, ormai la mia decisione era definitivamente presa: avrei continuato la strada da me intrapresa, anche se fosse stata per me - solitaria.

CAPITOLO DODICESIMO

PAURA

"Simulare una virtù, se non l'avete.
Quel mostro, il costume, che ogni sentimento mangia,
diavolo delle abitudini, pure in questo è un Angelo,
che alla pratica delle azioni belle e buone
esso egualmente dà una veste o livrea,
che agevolmente s'indossa."

William Shakespeare – "Amleto" (Atto terzo, scena quarta)

Ormai era chiaro, ero stato tradito: L'Avvocato, dopo il nostro recente incontro, aveva informato chi di dovere.

In quel momento mi sentì veramente solo, solo contro tutti!

Le Organizzazioni che avevo contro, erano organizzate mediante una vasta rete informativa.

Sapevo, ormai che non avrei potuto ottenere facilmente quello che desideravo, ma era solamente importante ottenere per quello per cui lottavo.

LO SCHEMA PONZI

"IL vero genio non cessa mai di stimolare il genio degli altri."

Johann Wolfgang Goethe – "Massime e riflessioni.

Ricevo in mattinata una telefonata dal titolare della mia consueta libreria.

Mi avvisa che una persona - a lui sconosciuta - gli ha chiesto quando poteva incontrarmi presso la libreria.

A quel punto la mia risposta non poteva che essere vaga, dato che frequentavo la libreria saltuariamente.

Rimasi curioso nel volerlo conoscere e fissai un incontro casuale nello stesso pomeriggio.

Come al solito, la confortevole visione dei libri mi accolse all'entrata.

Il libraio mi fece un cenno, indicandomi una persona che sembrava attenta nello scrutare un libro.

Mi avvicinai, presentandomi.

Era un uomo piccolo di statura, non lo avevo - in precedenza - mai visto!

Lui porse alla mia attenzione il libro che teneva in mano e scorsi – così - il titolo: "Lo Schema Ponzi".

Senza presentarsi, mi chiese se mi poteva accompagnare presso il vicino bar per fornirmi delle notizie che mi avrebbero potuto interessare.

Capì subito che la sua riservatezza sarebbe stata la regola che avrebbe gestito il nostro incontro.

Ci sedemmo ad un tavolino, ordinando del caffè.

Attesi - con pazienza - che iniziasse a parlare.

Lui, dopo un attimo di silenzio, cominciò a narrare.

"Ultimamente collaboravo per una Società finanziaria che – però - ha recentemente cessato l'attività.

All'inizio del mio impegno di lavoro, mi fecero seguire un corso completo indirizzato alla psicologia di vendita.

Lo scopo di tale corso era di come affrontare l'eventuale cliente e negli offrigli i nostri prodotti finanziari.

Era tutto basato - così ci dicevano - sulla "Teoria della Impotenza" che aveva dimostrato come qualsiasi individuo parte dalla premessa di poter controllare il proprio ambiente, se ciò non dovesse avvenire il rischio di deficit emozionale sarebbe notevole, portando persino a rischio di una eventuale depressione emozionale.

Per tale motivo, lo scopo del nostro lavoro era quello di poter motivare le persone affidateci, scelte inconsciamente, dopo una preliminare selezione aziendale.

L'osservazione e la perspicacia dovevano essere i mezzi con valutare le possibilità di vendita dei prodotti finanziari offerti.

Dovevamo suscitare l'interesse del singolo verso una quasi certa possibilità di poter accumulare, in poco tempo, ingenti somme di denaro.

In fin dei conti era quello di applicare l'antico "Sistema Ponzi" seguendo le seguenti fasi:

- Si fa presente al potenziale cliente la possibilità di un investimento ad alto rendimento finanziario, facendogli - nel contempo - versare una certa somma;
- Passato poco tempo, si restituisce una parte del denaro versato, lasciandolo in attesa di un notevole versamento, realizzato dal suo investimento;
- Si fa in modo che venga pubblicizzato al massimo la possibile redditività dell'operazione, al fine che altri soggetti possano aderirvi;
- Poi, improvvisamente tutto si ferma, dato che la redditività promessa si dimostra inesistente.

Appare evidente che è una truffa, un reato, ma funziona quasi sempre.

A questo punto gli ideatori scompaiono lasciandoci tutti senza lavoro e senza compensi promessi.

Loro intanto spariscono dietro a qualche società finanziaria con sede all'estero.

Però i personaggi importanti, le "Menti, sono tutte qui: nelle loro oscure Fondazioni umanitarie. Tanti nemici e tanto potenti.

Io, per il mio trascorso lavoro, avevo sentito fare il suo nome e – pertanto - la volevo avvisare. Stia attento! Hanno molti modi nel poter far tacere le persone scomode."

Lui si alzò improvvisamente e prima di uscire dal locale, mi disse ancora una ultima frase di sconforto:

"Purtroppo -alla fine- siamo tutti figli di Caino!"

CAPITOLO TREDICESIMO
LA TRAPPOLA

“Agisci come avessi Fede e la Fede ti sarà data.”

Film – “Il Verdetto”

L’appuntamento era stato concordato per le nove di mattina.

Entrai in un edificio alto di mattoni scuri.

Premetti il campanello e la porta si aprì di scatto.

L’ascensore mi portò al piano segnalatomi e la targa, intensa di nominativi, mi fece capire la componente dell’attività alla quale andavo incontro.

Un sorriso mi accolse, conoscendo lo scopo concordato della mia visita.

Entrai in un ufficio sontuoso, ben arredato. Lei mi attendeva e mi invitò a sedere di fronte alla sua scrivania.

Era volutamente elegante, ben curata ed un viso notevolmente ben curato.

Conosceva lo scopo dell’appuntamento e certamente era in attesa di ricevere alcune conferme.

Mi misi a parlare e - maggiormente mi inoltravo nel mio discorso – ancor più attiravo la sua attenzione.

Ormai sapevo condurre l’esposizione dell’argomento, a me noto sotto tutte le sue forme: esplicite ed implicite.

Inoltre, la informai - tramite i fascicoli in mio possesso - del previsto intervento finanziario in merito ad alcuni investimenti monetari.

Accennai al malessere che si stava creando presso alcune Istituzioni, estranee a quel tipo di operazioni che si volevano attuare con tanta audacia e rischiose per le eventuali conseguenze che avrebbero colpito l'opinione pubblica.

Il Mercato economico avrebbe potuto reagire in modo restrittivo, eliminando posti di lavoro e limitando la produzione, lasciando spazio ad un possibile intervento esterno al Territorio, con un aggravio di spese di gestione.

L'operazione avrebbe dato la possibilità ad alcune "Eminenze grige" di poter ottenere un potere operativo in ogni settore sia economico che politico.

Terminato il mio intervento, pensai che era giunto il momento di presentare alla sua attenzione il Fascicolo con la scritta "Riservato". Lo prese in mano e - dopo una attenta lettura - mi disse: "E ora?"

Le risposi: "Ora è il momento di passare all'azione. La loro presunzione sta dando una sicurezza operativa nel muoversi con sicurezza nell'acquisto di maggioranze che saranno presto attive mediante una realizzazione di un "Cartello finanziario", che tramite susseguenti azioni partecipative: quali le "Azioni correlate", renderanno possibile l'acquisizione dell'intero Capitale sociale delle Società prese in esame per un possibile possesso totalitario.

A questo punto, le chiederei di informare una persona e - le feci un nome - che so che, tramite la sua consulenza sta seguendo l'evolversi di questa situazione finanziaria."

Lei ascoltò sorpresa - poi, dopo un momento di riflessione - acconsentì.

Questa persona era l'unico personaggio che avrebbe potuto, sia con il suo patrimonio che con la sua condotta morale, agire nel poter bloccare questo scempio economico - morale.

Ci lasciammo con questo impegno e con la mia totale disposizione per un susseguente possibile incontro con il personaggio citato.

Al mio rientro informai la mia giornalista che mi confermò la sua fiducia per il mio operare. A questo punto rimanemmo in attesa degli avvenimenti.

CAPITOLO QUATTORDICESIMO
IL BANCHIERE

“L’uomo lucido deve esaminare tutte le obiezioni possibili e confutarle.”

Fernando Pessoa – “Il Banchiere anarchico”

Superai il cancelletto girevole e mi trovai al centro di un prato con un vialetto che portava direttamente ad una villetta, illuminata dal sole.

L’appuntamento era stato concordato in precedenza, dopo la mia recente visita alla Consulente finanziaria.

La porta mi venne aperta da una persona di mezza età, affabile, cortese e mi disse:

“Entri, si accomodi, l’aspettavo. E scusi la mia tenuta, ma oggi è domenica ed ogni domenica, mi dedico alla mia passione segreta: “la cucina”. Sto allestendo un nuovo piatto; logicamente lei è gradito ospite e - se vorrà - sarà un mio collaboratore per questo impegno culinario. Ma ecco, le dò un grembiule da cucina, per non macchiarsi.”

Mi attrezzai come richiesto, sorpreso per la sua imprevista iniziativa.

Fui guidato in una splendida cucina, ampia e - da un primo sguardo - completamente attrezzata di ogni specifico utensile.

Conoscevo la sua fama di brillante uomo d’affari, ma non me sarei aspettato -per il nostro incontro - in tenuta da “cuoco”.

“Vedrà che per lei sarà una esperienza nuova, lontana da cattivi pensieri, insomma: spero piacevole".

Mi indicò un ampio tavolo da cucina dove erano arruffati vari ingredienti culinari.

Lui continuò a parlare: "La cucina è per me un diversivo necessario per staccarmi momentaneamente dalla mia usuale vita quotidiana. Lei può immaginare quanti incontri debba affrontare durante la mia giornata di lavoro.

Poi, la domenica è tutta per me, nella mia casetta, i miei fornelli e se ho fortuna anche qualche buon piattino.

Conosco i motivi di questo incontro, la mia Collaboratrice mi ha già informato di tutto. Parleremo cucinando.

Intanto affrontiamo la ricetta di cucina che ho scelto, in concomitanza di questo odierno incontro.

E' una ricetta che, all'apparenza, sembra semplice, ma ha le sue difficoltà inerenti i singoli inerenti procedurali."

Io, intanto, lo ascoltavo incantato, perplesso e persino intimidito dalla familiarità che improvvisamente mi dimostrava, tramite la sua gradita accoglienza.

Lui, prendendo l'iniziativa, iniziò ad illustrarmi il metodo di lavorazione del piatto propostomi.

"Il piatto è denominato - nei migliori manuali di cucina - "Galletto al vino bianco".

Allora, come avrà già osservato dalle spezie predisposte sul tavolo, occorrono i seguenti ingredienti: una carota, un porro, una cipolla e logicamente, il re del nostro piatto: il "Galletto al vino bianco".

Logicamente, il galletto l'ho già predisposto, debitamente, lavato e svuotato delle interiora.

Poi, osserviamo gli altri ingredienti predisposti sul tavolo: alloro, timo, aglio, una tazzina di farina, brodo, in una terrina, noce moscata pronta per essere grattugiata, sale, pepe, ed infine, il tocco magico: un bicchiere colmo del mio vino Riesling, prodotto da una mia vigna personale.

Poi, tocco finale, alla fine della cottura, va spremuto sul piatto mezzo limone.

Come avrà sentito, l'elenco degli ingredienti dimostra che il piatto - nella sua presunta semplicità - è invece un po' difficoltoso nella sua realizzazione.

Ecco, ho descritto tutto, adesso bisogna iniziare a cucinare e - nel contempo - possiamo iniziare a parlare in proposito della sua visita.

Cerchiamo intanto di conoscerci meglio di persona.

Intanto le chiedo la cortesia di provvedere a lavare, sbucciare ed affettare le carote, il porro, la cipolla.

Vede, il cucinare - per me - è un modo simile a quello che metto nell'impegno nell'organizzare il mio lavoro quotidiano. Organizzando – prima - il tutto, diventa più facile affrontare e concludere il lavoro."

Mi trovai - incredibilmente a svolgere le funzioni di "aiuto cuoco" e pensai che, questo incredibile impegno fortuito, mi cominciava a piacere.

La persona la conoscevo di fama. Sapevo dei suoi numerosi impegni, sia nel campo degli affari e sia nel mondo umanitario.

Intanto lui aveva provveduto a tagliare a pezzi il galletto, dopo averlo pulito e svuotato.

Intanto ricominciò a parlare, mostrandomi una certa confidenza che io apprezzai molto.

"Lei non lo saprà, ma io da ragazzo ero - come si dice - un ragazzo vivace. La disperazione dei miei genitori.

Nonostante riuscì a completare gli studi e - come primo impiego - venni assunto da una società finanziaria.

Capì subito che i debiti monetari erano considerati peggio di un delitto.

In quel mondo oggi - come ieri - i buoni sentimenti hanno ceduto il posto al denaro.

D'altra parte, specialmente oggi, non esiste più il significato di "famiglia", ma si è valutati - fin dall'infanzia - come superficiali piccoli individui, pieni di esigenze e senza alcun rispetto per le esigenze degli altri. Così si deforme una società."

Cessò di parlare e osservò come avevo assemblato gli ingredienti da me preparati.

"Bene, così sono pronti per essere utilizzati. Gli ingredienti sono come i fattori della vita sociale, devono essere sapientemente quantificati e non in modo eccessivo, se no, potremmo apparire sgradevoli, non più simpatici, come si sperava di poter ottenere.

Nella vita l'abilità eccesiva potrebbe apparire una indelicatezza e l'indelicatezza potrebbe apparire come vanità di presenza. Bisogna apparire in scena al momento giusto con la giusta battuta teatrale, se no potrebbe risultare un pessimo "piatto" da gustare."

Più quell'uomo parlava e più mi appassionava il suo metodo di porre in modo - quasi discreto - la sua presenza.

Intanto, aveva messo il galletto in una casseruola a rosolare a fuoco vivo ed aggiungendo - nel contempo - gli odori da me preparati in anticipo.

"Adesso deve cuocere per trenta minuti, ogni tanto un po' di brodo. Come le stavo raccontando, fatta un po' di esperienza, decisi di mettermi in proprio, scegliendo fra i miei colleghi quelli più preparati e ambiziosi. Poi feci in modo di poter entrare come piccolo socio in una importante Società finanziaria e cominciai a conoscere il “vero” mercato e la tipologia dei cosiddetti uomini d’affari, ho seguito nel mio piccolo il loro operare, facendo – mediante le mie partecipazioni - un fruttuoso guadagno. Nel contempo, ho potuto conoscere quei personaggi che - oggi - sono oggetto del nostro incontro.

Un attimo solo, prima di affrontare il nostro argomento, è giunto il momento di aggiungere il mio buon vino Riesling.

Adesso ancora un poco di cottura a tegame coperto e sempre a fuoco lento.

In attesa del termine della cottura affrontiamo la motivazione del nostro odierno incontro.”

Prese una sedia del tavolo e mi invitò a fare altrettanto, versando in due bicchieri un po' del suo famoso Riesling.

Dopo un attimo di degustazione del buon vino offerto, riprese a parlare.

“La mia Collaboratrice, con la quale lei ha avuto un incontro di lavoro, mi ha riferito che - dopo aver preso in esame la documentazione fornitole - che quasi sicuramente sarebbe potuto accadere un imprevisto tracollo nel Mercato finanziario. Io avevo già preso -in precedenza- delle mie informazioni in merito a questa possibilità.

Ora, noi siamo qui, perché volevo da lei una assicurazione in merito ai miei sospetti.”

Fui felice di aver ascoltato le sue parole, finalmente la persona giusta, al momento giusto.

“Oggi sono qui per presentare una situazione basata su realtà economico -finanziarie.

Attualmente il passivo di alcune Fondazioni - come segnalato dalla documentazione presentata - è davvero ingente.

Le varie Direzioni di questi Enti hanno - a suo tempo - incassato generosi compensi per attività inesistenti, totalmente a scapito della attività assistenziale. Tutto tramite delle Società finanziarie con sedi estere e completamente nelle loro mani alle quali si attribuivano fasulli movimenti finanziari, con relativi compensi di consulenza."

Lui aveva ascoltato il mio intervento con molta attenzione.

Poi prese in mano la casseruola, controllò la cottura del pollo, e - avendo costatato la sua completa cottura - prese i diversi pezzi e li dispose in un piatto di portata.

Dopo una buona spruzzata di limone, posò il tutto sull'ampio tavolo da cucina, dove erano già sistemate delle posate ed alcuni piatti. Servì il tutto, versando -contemporaneamente- in due bicchieri il vino Riesling rimasto.

Io ero in attesa di una sua risposta, lui – invece - sembrava preso dall'esito del piatto.

Presi l'iniziativa, dopo il primo boccone: "Il pollo ha veramente un gusto delicato."

Lui, soddisfatto, rispose: "E' il riesling, con il suo aroma che aggiunge quel tocco magico al piatto.

Ho voluto oggi sentire dalla Sua viva voce un compendio della situazione. Io - per fare le mie scelte - provvedo sempre ad incontrare le persone cointeressate dalla vicenda che si sta esaminando. Ascolto, leggo i documenti e poi decido. In precedenza, avevo già preso la mia decisione, ma volevo sentire dalla sua voce l'impegno che la muoveva che non era certamente il denaro. Lei ama la verità ed io la comprendo, ma io – invece - amo il denaro ed il potere che ne deriva.

Io - dopo questo incontro - darò disposizione di vendere tutte le azioni in mio possesso relative alle attività di cui abbiamo parlato.

Il primo effetto scenico - di questa mia operazione improvvisa - sarà l'immediato crollo del mercato azionario relativo alle Società finanziarie, che occultano - tramite dei Trust- delle Fondazioni assistenziali.

Poi aspetterò l'esito finale della operazione, intervenendo immediatamente nell'acquistare tutte le azioni svalutate a prezzi accessibili.

A questo punto, sarò l'unico proprietario del totale capitale di queste società.

Subito dopo interverrò per attivare nuove regole di gestione con nuovi nominativi da me scelti personalmente per una nuova efficiente amministrazione, rispettosa delle regole statutarie.

Ora non mi resta altro che ringraziare il suo impegno e la sua costanza: non lo dimenticherò!

Una volta mi hanno detto che non bisogna diventare emotivi quando ci sono di mezzo le "Azioni". Pertanto, suggerisco di gustare il nostro "Galletto al vino bianco" e l'ottimo vino Riesling che ci stanno attendendo."

"Maigret, mentre infilava la chiave nella serratura, con la giacca sul braccio, disse il tradizionale: "Sono io!"
E -nel contempo- annusava l'aria, cercando di indovinare dal profumo ciò che ci sarebbe stato per pranzo."

Georges Simenon – "L'innamorato della Signora Maigret"

CAPITOLO QUINDICESIMO
L'INCONTRO FINALE

"L'accettazione è il primo passo per superare una delusione. Il dolore nasce sempre dal desiderio che le cose siano diverse da come sono."

Swami Kriyanandi (1926-2013)

Erano quasi le nove del mattino, senza sole, un cupo inverno che non mi lasciava un attimo di respiro, come il mio stato d'animo.

L'edificio era lo stesso di un mese fa.

Il tempo era passato e la medesima umidità sui muri mi trasmetteva la tristezza del luogo.

Mi fermai un momento, pensando ai momenti felici trascorsi nella mia infanzia.

Eravamo – allora - tutti poveri, derisi dagli altri per la nostra ingenua ignoranza.

Muti nella nostra usuale tristezza dovuta dalla persistente "fame" insaziabile di cibi, allora introvabili. La fame, unica incessante compagnia di giorni silenziosi, intensi di apprensioni e di attese sconosciute.

Il silenzio era usualmente un miracolo raro. Le urla, fra scala e scale, di benessere abbandonate erano compagne di paure inconsce.

Sussurri dietro porte sbarrate: ammiccamenti misteriosi.

La povertà esposta in negozi di quartiere, ricchi di miseria in misteriosi barattoli.

I debiti regnavano sovrani. Gli abiti ricchi di toppe, cucite di fretta, coprivano – maldestramente - i freddi inverni orfani di misericordia.

L'unica consolazione era l'edificio di fronte a me in questo momento.

Le scodelle erano il mio ricordo più vivo. Il profumo di una possibile pietanza sconosciuta era di fronte a me. Sentivo il calore che emanava, ma sentivo la presenza di un sentimento sconosciuto, prezioso: la carità amorosa, per me misteriosa, come un tesoro nascosto in una isola sperduta. Ora ero lì, conosciuto e sconosciuto.

Suonai il campanello e arrivò il solito ometto. Lo scansai con gesto deciso.

La strada la conoscevo, dovevo solamente percorrere il solito buio corridoio.

Mi accompagnava l'antico odore di muffa, accumulata dal tempo sui muri anneriti.

Lui era là, presumo come sempre, raggomitolato come un ragno in attesa di una preda.

La mia apparizione improvvisa dipingeva il suo viso di un pallore di morte. Era sconvolto!

Lui non si mosse, non disse una parola, non fece nemmeno un cenno, si limitò a rivolgermi uno sguardo senza vita.

Il suo potere era scomparso tutto in un colpo. Da ora in poi, non ci sarebbero più state anticamere di persone supplichevoli.

Lui- ora - rappresentava il tempo di un secolo trascorso.

Era per me come il Castel Mareccio, ricco di mura percorse dal tempo.

Con un segreto nascosto: un "Quadrato magico". Tutto era iniziato da lì: “Scorgere una luce nel Mistero”.

Forse quel Mistero non lo avrebbe risolto nessuno, forse meglio così.

Ormai erano le undici di una mattina invernale, senza sole, generosa di freddo e di solitudine.

Girai intorno al Maniero, poi improvvisamente, lì in basso, scorsi una tenera pianticella di edera che insistentemente tentava di arrampicarsi attraverso i muri del Castello. Mi chinai ad accarezzare le piccole foglie e mi dissi. “In fin dei conti, la speranza non muore mai!”

“Cerchiamo il nostro bene da noi stessi, e viviamo liberamente, anche se chiusi in questo ampio recesso, poiché preferiamo la dura libertà al più facile gioco di un lusso servile.”

John Milton – “Paradiso perduto”

Printed by Books on Demand GmbH, Norderstedt / Germany